공부에 미쳐서
내가 얻은 것은
서울대 합격이었다

공부에 미쳐서 내가 얻은 것은
서울대 합격이었다

초판 1쇄 펴낸 날 ｜ 2016년 07월 22일

지은이 ｜ 김수호
펴낸이 ｜ 이종근
펴낸곳 ｜ 도서출판 하늘아래

주소 ｜ 서울시 종로구 이화장1가길 부광빌딩 402호
전화 ｜ (02)374-3531
팩스 ｜ (02)374-3532
이메일 ｜ haneulbook@naver.com

등록번호 ｜ 제300-2006-23호
값 14,000원

ⓒ 김수호, 2016
ISBN 979-11-5997-002-3 (43370)

공부에 미쳐서 내가 얻은 것은 서울대 합격이었다

김수호 지음

Q 간단한 자기소개 부탁드릴게요

A

안녕하세요! 선덕고등학교를 졸업하고 현재 서울대학교 수리과
학부에 재학중인 김수호라고 합니다. 2016학년도에 정시로 서울대
수리과학부, 연세대 의예과, 카이스트에 합격했고요 수시로는 서울
대 수학교육과 일반전형, 고려대 수학과 학교장 추천 전형에서 모두
서류 통과로 1차 합격했습니다. 정시로 수리과학부에 들어가기 위
해 2차 면접에는 불참했죠. 이렇게 말하니 뭔가 화려해 보이네요. 사
실 전 그냥 수학을 좋아하는 평범한(?) 학생입니다.

Q 이 책을 쓰게 된 계기가 있나요?

A
음… 사실 제가 뭐 대단한 발견을 한 것도 아니고 아직 이렇다 할 업적 같은 것도 없어서 이 책을 쓰는데 상당히 조심스러웠습니다. 그래도 나름 사교육의 도움 없이 입시에 성공한 사람으로서 제 공부법이나 학습의 방향 등이 다른 학생들이나 학부모님들에게 조금이나마 도움이 되었으면 좋겠다는 생각으로 이 책을 쓰게 되었습니다.

저와 제 주변도 그렇고 전국의 많은 학생들과 학부모님들이 교육, 입시에 관한 문제로 많은 고민을 갖고 있을 거라고 생각합니다. 학생은 물론 학부모의 입장에서는 어떻게 해서든 공부를 잘하고 입시에 성공하고 싶은데 요즘에는 공부하는 법도 참 다양하고 대학에 들어가는 입시전형도 상당히 복잡해서 정작 공부만 하기에는 뭔가 불안하고 막막한 게 현실입니다. 저 역시 그랬기에 그 막막한 기분을 잘 압니다. 그래서 이 책이 그런 막막함을 약간이라도 없애줄 수 있다면 좋겠네요.

주변에서 '이거 해야 된다', '저거 해야 된다' 같은 말들에 휘둘리시는 분들이 많은 것 같습니다. 사실 공부법이나 입시 전략은 사람에 따라 다르며 반드시 이렇게 해야 한다!라고 할 만한 것들은 딱히 없습니다. 저도 '공부법'을 소개하고 있지만 독자분들께 강요하려는 마음은 없습니다. 하지만, 제 나름대로의 경험을 살려 도움이 되고 싶은 마음뿐입니다. 이 책은 뭔가 특이한 공부법을 소개하지는 않습니다. 대단히 과학적인 지식을 전달하는 것도 아니고요. 그저 평범한 학생들도 혼자서 해볼 수 있는 공부법들을 소개하고자 합니다. 그리고 제가 입시를 준비하면서 알게 된 여러 가지 '꿀팁'들을 알려드리고 싶기도 하네요.

Q 공부를 열심히 하게 된 계기가 뭔가요?

A
저는 중학교 들어간 다음부터 본격적으로 공부에 신경을 쓰기 시작했습니다. 남들은 초등학교 때부터 학원이다 뭐다 하면서 바쁘게 살았는데 말이죠. 일단 시작부터 남들보다 늦었습니다. 학원 같은 데를 다니지 않았기 때문에 평소에 하는 공부라곤 학교 수업 듣고 중간고사나 기말고사 기간에 작년 기출문제 좀 훑어보는 정도가 다였습니다. 그러다 보니 저보다 열심히 공부한 친구들에게 맨날 밀리고 전교 순위권에 든다는 건 저와는 전혀 다른 세상 얘기였습니다. 그냥 평범한 중위권 학생이었죠. 하지만 정작 성적을 받아보니 자존심이 좀 상하더군요.
다른 과목은 몰라도 수학만큼은 잘 한다고 생각했거든요. 그런데 수학마저도 제 생각보다 성적이 잘 안 나왔죠. 그때 오기가 생겨서 한 번 더 준비해보자는 마음으로 평소에 보지도 않던 참고서까지 사면서 공부를 했습니다. 사실 여기서는 단순히 '오기'라는 표현을 썼지만, 지금 돌이켜보면 제가 지금까지 살면서 가장 잘한 일들 중 하나가 아니었나 생각합니다. 아마 그때 오기라는 걸안 부렸다면 분명 지금과는 많이 다른 사람이 되어 있을 것 같습니다. 뭔가 대단하고 거창한 목표로 공부를 시작한 게 아닙니다. 그냥 '내가 이것밖에 안된다고? 아닌데?' 하는 단순한 마인드로 공부를했습니다.

물론 처음 해보는 공부는 절대로 쉽지 않았습니다. 일단 책상에 앉아 있는 것 자체가 어려웠고 주변에 물어볼 사람도 없어서 더욱 힘들었죠. 그래도 시작한 김에 끝까지 해보자는 마음으로 학교 시험을 준비했습니다. 특히 제가 나름대로 자부심을 가지고 있던 수학 과목을 열심히 했던 것 같습니다. 그리고 시험을 보고 결과가 나왔는데 개인적으로 느끼는 게 많았습니다. 일단 생각했던 것보다 성적이 잘 안 나왔습니다. 사실 지금 와서 생각해보면 당연한 건데 평소에 공부도 안 하던 놈이 갑자기 며칠 동안 공부한다고 성적이 크게 오를까요? 지금은 정확히 기억이 안 나지만 8과목을 시험 본 것 같은데 그중에 6과목 정도가 제자리걸음이었습니다.

나름 열심히 준비했는데 눈에 띄는 변화가 안 보여서 좀 속상했죠. 그런데 나머지 2과목이 저를 완전히 바꾸어놓았습니다. 한과목은 수학이었고 다른 한 과목은 잘 기억이 나지 않지만 확실한 건 그 전 시험보다 성적이 꽤 올랐다는 겁니다. 물론 올랐다고 해서 곧장 전교 순위권 안에 들었던 건 아니었습니다. 솔직히 지금 돌이

켜보면 등수 조금 오른 것 같고 굉장히 유난 떤 것 같았지만 그때의 저에겐 매우 인상 깊은 경험이었습니다. 열심히 하니까 무언가 달라진다는 걸 느꼈습니다. 아주 미미한 변화였으나 일단 변화는 변화였습니다.

열심히 한 것에 대한 결실을 맛보니 그 다음부터는 계속 더 열심히 하게 되더군요. 물론 열심히 했다고 해서 모든 게 다 잘되지는 않았지만 저에겐 자신감이란 것이 생겼습니다. 지금 당장은 결과가 눈에 안 보일지라도 계속하다 보면 언젠가는 결실이 보일 거라고 굳게 믿었습니다. 아무리 조그맣더라도 열심히 한 것에 대한 보답을 받다 보니 점점 열심히 하는 것을 즐기게 되었습니다. 그리고 점점 저 자신에 대해 하면 할 수 있다는 믿음이 생겼습니다. 이러한 믿음이 제가 공부를 중간에 포기하지 않고 계속하게 만든 원동력인 것 같습니다.

공부를 본격적으로 시작한 계기는 아주 단순했죠. 그저 오기가 생겨서 시작했으니까요. 하지만 그 결과는 결코 단순하지 않았습니다. 하면 된다는 자신감이 생겼고 무언가를 열심히 하는 것을 즐기게 되었습니다. 이러한 변화를 겪고 나니 그다음부터는 공부가 훨씬 수월했습니다. 굉장히 평범하고 재미없는 계기인가요? 다른 분들이 공부를 시작한 계기를 들어보면 아주 대단하고 훌륭한 것들이 많더군요. 불우한 가정사를 극복하고 공부를 시작하거나 엄청난 좌절을 이겨내고 공부를 시작하는 등 정말로 초인적인 이야기들이 많습니다.

저도 개인적인 욕심으로는 그런 멋있는 계기를 여러분들께 소개해드리고 싶지만 잘 안되네요 하하. 전 평범한 사람이라 엄청난 역경과 고난을 이겨내며 공부하지 않았습니다. 아마 이 책을 읽고 계신 여러분들 주변에 흔히 볼 수 있는 사람일 겁니다. 흔해빠진 사람인 제가 흔하지 않은 결과를 낼 수 있었던 건 '열심히 하면 변한다.'는 굳은 믿음을 가졌기 때문입니다. 그리고 그러한 믿음을 가지려면 일단 무언가를 시도해봐야 하고 그 결과를 지켜봐야 합니다.

이 책을 읽고 계시는 누군가는 지금 공부가 너무 하기 싫고 재미없을지도 모릅니다. 그리고 열심히 공부할 만한 계기를 찾거나 과거의 자신과는 다른 사람이 되려 할지도 모릅니다. 전 개인적으로 그런 분들에게 계기를 찾는 대신 지금 당장 한 과목이라도 열심히 준비해보라고 말하고 싶습니다. 변화는 아무것도 안 하는 사람에게는 절대로 찾아오지 않습니다.

자신이 변화시키고 싶은 것이 공부든 뭐든 일단 당장 해보십시오. 그리고 자신이 스스로를 변화시킬 수 있다는 걸 깨달아야 합니다. 주체적인 사람이 되려면 자신이 직접 스스로를 바꿀 수 있음을 알아야 합니다. 공부를 열심히 하게 된 계기를 말하다가 조금 딴 길로 샌 듯한 느낌이 있네요. 하지만 아주 중요한 말이니 거듭 강조를 해야겠습니다. 어떤 일을 하는 데 있어 크고 거창한 계기는 필요 없습니다. 일단 그 일을 해보시고 자신의 잠재력을 본인이 스스로 느껴보시기 바랍니다.

Q 혼자서 공부하는 이유라도 있나요?

A

일단 이 글을 읽기 전에 먼저 사과의 말씀을 드려야 할 것 같네요. 우선 제가 혼자서 공부한 이유는 굉장히 불순하고 조금은 재수가 없을 수도 있습니다. 이 책에 자기주도 학습에 관한 여러 가지 장점과 단점을 써놓았지만 그건 어디까지나 경험에 의해 습득한 지식이고 절대로 제가 공부하기 전부터 갖고 있던 것이 아닙니다. 즉, 전 자기주도 학습의 장/단점도 제대로 모르는 상태에서 혼자 공부하기 시작한 것입니다. 왜 그렇게 생각했는지는 잘 모르겠지만 어렸을 때 저는 학원이나 과외 등의 사교육을 일종의 '반칙'이라고 여겼습니다. 사실 지금 다시 생각해보면 대다수 학생들의 노력을 폄하하는 매우 위험한 생각이었네요. 어쨌든 전 사교육을 받는 건 일종의 반칙이라고 생각했고 그 결과 공부를 혼자서 하려고 노력했습니다. 애초에 공부에 있어서는 다른 사람의 도움을 받는 걸 굉장히 꺼려했던 것 같습니다.

제가 풀지 못하는 문제를 다른 사람이 알려준다면 그 사람이 제가 스스로 고민해볼 기회를 빼앗는다고까지 생각했습니다. 그래서 모르고 궁금한 게 있어도 그 즉시 질문하는 대신에 혼자서 오래도록 고민해보고 정 모르겠으면 책이나 인터넷을 찾아보게 되었습니다. 어찌 보면 굉장히 이상하다고 생각할 수 있습니다. 그냥 물어보면 속 시원하게 해결될 텐데 굳이 그걸 혼자 끙끙대면서 고민하다니, 사서 고생한다고도 볼 수 있겠네요. 물론 혼자 공부하는 게 딱히 더 쉬었다는 건 절대로 아닙니다. 저 역시 그냥 물어보면 편할 것 같다고 생각했던 적이 한두 번이 아니었습니다. 당연한 얘기지만 정말 아무리 해도 모르는 것이 있어서 선생님이나 친구들에게 물어본 적도 있습니다. 하지만 그때마다 궁금증이 풀려서 시원하다기보다는 뭔가 찜찜한 기분이 들었죠. 왠지 경기에서 기권한 것만 같았고 스스로의 가능성을 차단한 것만 같은 느낌이 들었던 거죠.

약간은 불순한 의도로 출발했지만 그 결과는 나름 만족스러웠습니다. 일단 어려운 문제를 만나도 쉽게 포기하지 않고 혼자 차분하게 고민해보는 습관이 생겼습니다. 그리고 자신이 알고 있던 것을 총동원해서 문제를 해결하는 법을 알았죠. 그런 과정을 거치면서 저만의 노하우 같은 게 생겼습니다. 혼자 공부하는 게 무조건 옳은 방법이라고 생각하지는 않습니다. 하지만 공부하는 사람으로서 스스로의 힘으로 무언가를 알아가고 깨닫는 경험은 꼭 해봐야 한다고 생각합니다. 이 책을 읽는 독자 분들에게 감히 조언을 드리자면, 모르는 것이 있다고 바로 해설지를 보거나 다른 사람에게 물어보지 말고 끈기 있게 붙들고 있어보십시오. 붙잡고 있는다고 모든 문제가 해결되지는 않겠지만, 적어도 자신이 어디까지 접근할 수 있는지, 자신이 무엇을 몰라 헤매고 있는지 등은 파악할 수 있습니다.

Q 공부할 때 가장 중요한 점이 무엇인가요?

A
공부할 때 중요한 건 여러 가지가 있겠지만 가장 중요한건 뭐니 뭐니 해도 바로 '목표'입니다. 즉, 공부하는 사람 본인이 무언가를 이루기를 원해야 합니다. 아무것도 원하는 게 없으면 공부하기가 매우 힘들고 괴로운 일이 되어버릴 겁니다. 이때 한 가지 주의해야 할 점은 여기서 말하는 목표가 굳이 위대하고 원대한 것일 필요는 없다는 것입니다. 이 글을 쓰고 있는 저만 해도 공부하는 데 그렇게 큰 목표는 없었습니다. 반드시 '무언가를 해내고 말겠다!'라는 생각보다는 '이러면 좋겠다.'라고 생각했습니다. 목표도 단순하고 단기적으로 세웠습니다. 2주일 뒤에 기말고사라면 '기말고사를 잘 보자!'가 목표가 되었지요. 조금 장기적으로 봤을 때는 '원하는 대학에서 원하는 전공을 하자!'가 목표였습니다. 이렇게 단기적이고 단순하게 목표를 잡는 것이 과연 도움이 될까? 라고 의구심이 드는 독자들도 계실 겁니다. 하지만 전 목표가 작든 크든, 단기적이든 장기적이든, 작은 그림을 그리든 큰 그림을 그리든, 일단 목표 자체를 세우는 것이 중요하다고 생각합니다.

목표를 가지는 것 자체가 공부를 계속해서 할 수 있는 힘이 되어주고 중간에 포기하지 않게 해주는 든든한 받침대가 되어준다고 생각합니다. 목표, 즉 원하는 것이 있다면 그것을 얻을 수 있기 때문입니다. 물론 원한다고 모든 것을 얻을 수는 없습니다. 하지만 원하지 않으면 얻을 자격조차 주어지지 않습니다. 자신이 목표로 하는 것, 원하는 것을 정확히 알고 있어야 그것을 얻기 위해 노력할 수 있습니다.

PART 1 공부법

PART 2 수시 준비

PART 3 정시 준비

바꿔 쓰기(paraphrase)에 집중하자! / 모든 선지에 대한 근거를 찾자!

유형별 공략법을 익히자

탐구영역

PART 4 수험 생활

[이 책을 100% 활용하는 방법!]

이 책은 학생들이 평소 공부와 입시에 관해 궁금해 할 만한 내용을 모두 모아서 Q&A (질의응답) 형식으로 구성되어 있습니다. 따라서 책을 처음부터 끝까지 정독하는 것도 좋지만, 독자 여러분 본인이 특히 궁금해 하는 내용이 있으면 그걸 먼저 보시길 바랍니다. 모든 질문 목록은 [차례]를 보시면 자세히 나와 있으니 참고하시기 바랍니다!

PART 1

공부법

자기주도 학습의
단점은?

1. 자습에 익숙해지는 것이 어렵다.

2. 스스로 계획을 세울 줄 알아야 한다.

3. 자신의 공부 분량을 정확히 알아야 한다.

4. 심리적 불안감

5. 즉각적인 피드백이 이루어지지 않는다.

6. 자기 조절 능력이 필요하다.

　　자기주도 학습(이하 자습)이 중요한 건 사실이지만 '자습만이 살길이다!'라면서 맹목적으로 믿는 것은 별로 좋지 않습니다. 자습은 많은 장점을 가진 만큼 단점 또한 많습니다. 따라서 학생 개개인의 상황에 따라 자습을 할 것인지 말 것인지, 한다면 어떻게 할 것인지를 결정해야 합니다. 그럼, 우선적으로 자습이 가진 단점에 대해서 한 번 알아볼까요?

    자습은 말 그대로 학생 스스로 공부를 하는 것이지요. '스스로'라는 말은 '혼자서'라는 말로 바꿀 수 있는데, 여기서부터 자습의 문제점이 시작됩니다. 일단, 자습에 익숙하지 않은 학생들은 혼자서 공부하는 것 자체가 매우 어려운 일입니다. 지금까지 누군가가 완벽하게 짜 놓은 커리큘럼만을 따라왔던 학생이라면 혼자서 무얼 어떻게 해야 할지 굉장히 막연하게 느껴지고 감이 안 잡힐 겁니다. 즉, 평소에 혼자서 진득하게 공부해 본 적이 없는 학생에게 어느 날 갑자기 자습을 시켜봤자, 기대하는 효과를 거두지는 못할 겁니다. 자습의 경우에는 어느 날 시도한다고 바로 되는 게 절대 아닙니다. 자습이 몸에 배기까지는 상당한 시간과 노력이 필요한 거죠. 자습에도 많은 단점이 있지만, 가장 큰 단점으로는 '자습에 익숙해지는 것 자체가 어렵다'라는 점을 꼽고 싶네요.

    자습의 또 다른 문제점은 스스로 계획을 세울 줄 알아야 한다는 점입니다. 자습이 학교 수업, 학원, 과외들과 극명하게 대비되는 부분이죠. 수업, 학원, 과외의 스케줄은 학생이 짜는 것이 아니라 선생님들이 짜게 됩니다. 즉, 학생의 입장에서는 선생님이 미리 작성한 커리큘럼을 그냥 따라가기만 하면 되니 심적으로 매우 편하죠. 하지만 자습은 다릅니다. 누군가 감독해주는 사람도 없고 온전히 스스로 해야 하기에 공부 계획도 스스로 짤 수밖에 없습니다. 항상 외부의 결정사항에 그저 따라 움직여 왔던 학생들에게 갑자기 스스로 계획을 세우라고 하면 당황할 수밖에 없습니다.

게다가 계획을 세우는 것도 몇 번의 시행착오를 겪어야 합니다. 혼자서 공부해본 적이 없는 학생은 자신이 하루에 얼마만큼 공부할 수 있는지 잘 알지 못합니다. 지금까지는 그냥 숙제만 다 하면 그날 공부가 끝이었기 때문에 자신이 하루에 직접 소화할 수 있는 '공부 분량'을 잘 모릅니다. 처음 계획을 세우면 목표치가 자신의 적정 공부량을 한참 초과하는 경우가 다반사입니다. 초반에 목표했던 분량을 다 못 채우고 목표치를 다시 수정하기를 반복하게 되죠. 사실 이건 자습을 몸에 익숙하게 만드는 과정에서 매우 자연스럽게 발생하는 현상입니다. 하지만, 대다수의 학생들이 목표치를 달성하지 못하는 자신에게 짜증이 나고 계획 세우는 것을 포기해 버리는 경우가 많습니다.

여기까지는 자습을 처음 하게 되는 학생들이 겪는 단점들이었습니다. 이제부터는 자습에 어느 정도 익숙해진 학생들이 겪는 고뇌를 알아볼까요? 일단, 자습에 익숙해지면 자신만의 공부법, 방향성 등이 잡힙니다. 하지만 그렇다고 마냥 자습이 편하고 즐거워지지는 않습니다. 아무리 자습에 익숙해져도 심리적 불안감은 계속될 수 있기 때문이죠. 일단 자습을 하게 되면 왠지 학원에서 족집게 강의를 듣는 친구들이나 개인 과외를 받는 친구들에 의해 뒤처질지도 모른다는 막연한 불안감을 가지게 되죠. 또, 당장 주변에 다른 경쟁자들이 안 보이기 때문에 괜스레 자신만 뒤처지는 것 같은 불안감을 가지게 됩니다. 물론, 근거 없는 불안감이지만 공부에서는 심리적 요인도 중요한 만큼 무시할 수 없는 단점이라고 할 수 있습니다.

단순히 심리적 요인뿐 아니라 실제 공부에서도 문제점이 발생할 수 있습니다. 바로 '즉각적인 피드백'이 이루어지지 않는다는 점입니다. 이건 '혼자 생각할 시간이 많아진다.'는 자습의 장점에 동반되는 단점이라 할 수 있습니다. 생각할 시간이 많다는 건 반대로 말하자면 물어볼 시간은 적다는 말이 되죠. 학원에 다니거나 과외를 받는 친구들은 모르는 것이 생기면 바로 선생님에게 물어볼 수 있습니다. 하지만 자습을 하는 학생은 모르는 것이 생겨도 당장 물어볼 데가 마땅치 않죠. 물론, 문제집의 해설지나 무료 해설 강의를 이용할 수 있지만 직접 옆에서 1대 1로 설명해주는 것에는 미치지 못하겠죠. 혼자 오랫동안 고민해볼 수 있는 대신 당장 답을 구하는 건 포기하는 거죠.

마지막으로, 아마 대부분의 학부모님들이 자기 자식에게 자습을 시키지 않는 이유가 될 텐데요, 자습에는 자기 조절 능력이 필요합니다. 자습은 누가 시키지 않아도 스스로 공부하는 것입니다. 즉, 핸드폰, 컴퓨터, TV 등 외부의 유혹을 이겨내고 공부에 집중할 수 있는 능력이 요구됩니다. 다들 알다시피 좋아하는 걸 잠시 제쳐두고 공부에 몰두하는 것은 상당히 어려운 일이죠.

지금까지 자기주도 학습이 가지는 단점을 적어보았습니다. 이렇게 쓰다 보니 마치 자습은 쓸데없이 힘들고 괴로운 공부법이라고 느껴지네요. 물론, 제가 자습의 단점을 언급한 것을 '자기주도 학습은 엄청 힘드니까 하지 마세요!'라고 받아들이시면 곤란합니다. 제가 말하고 싶은 건 자기주도 학습이 신문이나 TV에 나오는 것처럼 환상적이고 만능의 공부법이 아니라는 점입니다. 자습이 가지는 장점은 분명 매력적이지만 그와 함께 여러 가지 단점들도 존재합니다. 따라서 지금 본인의 상황을 제쳐두고 무조건 자기주도 학습을 외칠게 아니라 자신에게 지금 자습이 필요한지 장, 단점을 객관적으로 따져보면서 고민해보시기 바랍니다.

자기주도 학습의
장점은?

1. 혼자 고민해보는 습관이 길러진다.

2. 끈기를 기를 수 있다.

3. 자신감이 높아진다.

일단 단점을 먼저 살펴봤으니 장점도 살펴봐야겠지요? 자기주도 학습의 장점은 여러분들이 익히 들어보셨을 겁니다. 따라서 저는 그중에서 가장 중요한 장점을 하나만 꼽아 설명하겠습니다. 자기주도 학습을 하면서 얻을 수 있는 최고의 장점은 바로 혼자 고민해보는 습관이 길러진다는 점입니다. 학교 선생님이나 학원 강사들이 문제 푸는 걸 구경하는 것보다 학생 스스로 머리 싸매며 고민해보는 것이 끈기 있게 생각하는 능력을 길러줍니다.

적어도 중, 고등학교 공부까지는 천재적이고 독특한 발상보다는 포기하지 않고 끝까지 생각하는 끈기가 중요합니다. 이런 끈기를 기르기에 가장 적합한 공부법이 바로 자기주도 학습입니다. 아무리 어려운 문제를 만나도 쉽게 포기하지 않고 끝까지 도전하는 습관을 길러야 합니다. 그리고 끝까지 도전하다 보면 해낼 수 있다는 자신감을 가져야 합니다. 이런 건 옆에서 누가 가르친다고 습득할 수 있는 능력이 아닙니다. 학생 스스로 시행착오를 거쳐 가면서 본인 나름대로의 방법을 개발하고 본인의 능력에 대한 신뢰를 가져야 합니다. 이러한 끈기와 자신감을 길러주는 것이 자기주도 학습의 진정한 위력이 아닌가 생각해봅니다.

오답노트가
꼭 필요한가요?

1. 오답노트는 필수가 아니다.
2. 문제를 그대로 베껴 쓰는 것보다 틀린 부분을 간략하게 정리하는
   것이 더 효과적이다.

전 오답노트는 학생 개인의 선택이지 필수는 아니라고 생각합니다. 저 역시 오답노트를 만들어보려고 몇 번 시도를 해봤는데 결과는 항상 실패더군요. 세간에는 오답노트 없이는 절대 상위권이 될 수 없다! 라고 하면서 오답노트를 강조하는데 저는 조금 의문이 드네요. 상위권이 되기 위해 필요한 건 본질적으로 복습과 정리입니다. 자신이 어떤 문제를 틀렸는지 복습하고 그 문제로부터 평소에 제대로 몰랐던 내용, 잘못 알고 있던 내용, 헷갈리는 내용들을 정리하는 거죠. 오답노트는 복습과 정리를 하는 하나의 방법일 뿐 그 자

체가 목적이 되어서는 안 됩니다. 저 같은 경우 오답노트를 하면서도 항상 비효율적이라는 생각이 들었어요. 일단 문제를 그대로 옮겨 적는 것 자체가 시간을 너무 많이 잡아먹고 풀이를 쓰는 것도 오래 걸렸죠. 그리고 오답노트를 쓰면서 공부를 해야 하는데 자꾸 틀린 문제를 외우게 되더군요.

그래서 문제를 그대로 쓰고 풀이를 적는 방법이 아니라 좀 더 저에게 맞고 간편한 방법을 개발하게 되었습니다. 문제와 풀이를 모두 적는 것보다는 왜 틀렸는지 그 이유만 노트에 간략하게 정리를 했습니다.

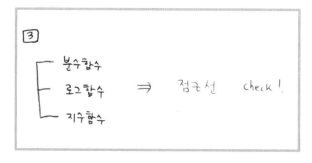

이 사진은 실제 저의 노트를 찍은 건데요, 글씨가 좀 삐뚤삐뚤하지만 이해해주세요. 이건 수학 문제를 풀다가 '점근선'이라는 개념을 깜빡해서 틀린 것을 제 나름대로 복습하면서 정리한 겁니다. 문제를 그대로 옮겨 적는 것보다는 더 깔끔하고 나중에 다시 보기도 편하죠. 제 생각엔 오답노트를 예쁘게 만드는 것보다 스스로 자신의 실수를 알아볼 수 있도록 하고 그걸 다른 문제에 적용시킬 수 있게 하는 것이 훨씬 중요한 것 같습니다.

　　오답노트는 공부하려고 만드는 거지 누구 보여주려고 만드는 게 아닙니다. 자기만 알아볼 수 있으면 충분하며 반복해서 볼 수 있는 게 무엇보다 중요합니다. 너무 글씨를 빼곡하게 써서 나중에 알아보기 힘들다면 말짱 꽝이라 할 수 있죠. TV 속에 나오는 '공부의 신'(공신)들의 아기자기하고 예쁜 오답노트에 현혹되기보다 실용적이고 반복해서 볼 수 있는 노트 만들기를 권장합니다.

잘 외우는
비법은?

1. 한 번만에 모든 내용을 외우지 말고 반복적으로 나눠서 외우는 것이 좋다.
2. 무작정 외우는 것보다는 내용 사이의 관계성에 주목해야 한다.
3. 눈으로만 읽지 말고 손으로 쓰면서, 입으로 말하면서 외운다.

이렇게 말하면 뭔가 씁쓸하지만 공부하면서 가장 중요한 건 암기라 할 수 있죠. 일단 내용을 외워야 문제를 풀든 말든 하겠죠? 기본적인 용어나 공식을 외우지 않으면 아무리 응용력이 좋아도 높은 성적을 기대하긴 힘듭니다. 그렇다면 어떻게 외워야 잘 외웠다고 소문이 날까요? 요즘 서점을 가보면 '암기법'에 관한 책만 여러 권이 있더군요. 만약 거기에 있는 모든 암기법들을 싹 모아 정리해서 보여드릴 수 있다면 참 좋겠지만 현실적으로 불가능하네요. 대신 제가 알고 있는 암기 노하우들을 모두 공개해보겠습니다. 그 전에 먼저 말씀드리자면 효과적인 암기법이란 건 개인에 따라 천차만별입니다. 그래서 여러 가지 방법을 시도해보시고 자신에게 맞는 방법을 찾길 바랍니다. 무작정 따라 하기보다 테스트해본다는 느낌으로 보셨으면 해요.

_ 초반에만 열심히 하다가 포기하게 돼요

일단 교과서를 처음 보면 알 수 없는 말들이 많이 쓰여 있습니다. 특히 수학, 과학, 사회 같은 경우엔 난생처음 듣는 용어들이 여러분들을 반깁니다. 학생들은 책의 첫 페이지를 펼치면서 열심히 밑줄을 긋고 중요해 보이는 부분에 표시를 하면서 열정을 불태웁니다. 하지만 10페이지쯤 가다 보면 지금까지 밑줄 치고 표시한 것이 머릿속에서 뒤섞이면서 혼란스러워합니다. 그리고 결국 책을 덮어버리고 잠정적으로 포기 선언을 합니다. 혹시 이 책을 읽는 여러분의 이야기 아닌가요? (아니라면 죄송합니다.) 혹시 책을 펼치면 앞부분은 온갖 필기로 지저분하고 뒷부분은 마치 새 책처럼 깨끗한가요? 이건 대부분의 학생들이 경험하게 되는 현상입니다. 왜 처음에는 열심히 하다가 마지막에는 포기할까요? 혹자는 이걸 초심을 잃어버렸기 때문이라며 학생의 의지박약을 탓하지만 전 조금 다르게 생각합니다. 문제는 끝까지 해내겠다는 굳은 의지가 없어서가 아니라 한 번에 다 끝내겠다는 강박관념입니다.

한 번에 끝내겠다는 생각이 나쁜 걸까요? 아니요. 절대로 나쁜

션 아닙니다. 오히려 굳은 의지의 상징이라 할 수 있죠. 하지만 저를 포함해 대부분의 평범한 사람들은 한 번 공부해서 모든 걸 외울 수가 없어요. 일단 처음부터 책의 구석구석까지 모든 걸 외우려고 하면 반드시 많은 내용을 머릿속에 집어넣어야 합니다. 일단 기억할 수 있는 뇌의 용량도 문제이지만 더 문제인 건 배우는 내용이 '낯설다'는 점입니다. 어떤 과목이든 처음 배우면 일단 용어부터 낯설게 느껴집니다. 거기에 세부적인 내용들까지 모두 암기하려 드니 당연히 힘들고 포기하고 싶어질 수밖에 없죠. 방법은 두 가지입니다. 초인적인 정신력으로 이를 악물고 처음부터 모든 내용을 다 외우거나 아니면 한 번에 다 끝내겠다는 생각을 버리는 겁니다. 저 같은 경우엔 후자를 택했네요.

'한 번에 끝내자' 대신에 '여러 번에 나눠서 끝내자'로 생각을 바꿔보는 겁니다. 일단 책을 처음 볼 때 책에 있는 모든 글자들을 다 외우려고 하지 말고 낯선 용어들을 먼저 살펴보는 겁니다. 그 다음에 읽을 땐 본문을 좀 더 자세하게 살펴보고 여러 번 읽으면서 책의 모든 부분을 서서히 암기하는 겁니다.

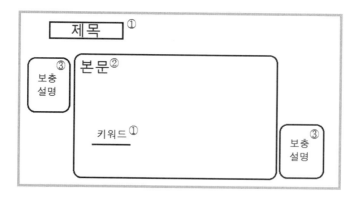

교과서를 포함해 대부분의 참고서는 저런 식으로 구성되어 있습니다. 일단 맨 위에 제목이 있고 그 단원에서 배우게 될 핵심적인 내용이 간략하게 소개되어 있죠. 그리고 본문에는 중요한 키워드가 굵은 글씨로(볼드체)로 쓰여 있거나 아니면 밑줄이 쳐져 있습니다. 그리고 본문 옆에 조그마한 글씨로 보충설명이나 좀 더 자세한 내용들이 적혀있죠. 아까도 말씀드렸다시피 처음 공부할 때에는 저 위에 있는 내용을 한꺼번에 다 외우면 안 됩니다. 처음 1회독에는 제목과 중요한 키워드 위주로 보고 2회독에는 본문 내용을 좀 더 자세히 읽고 3회독부터 본문 외의 세부적인 내용을 읽는 거죠. 여러 번 볼수록 책의 전체적인 내용이 더 오래 남을 겁니다.

_ 내용 연결이 잘 안 돼요

가끔 가다가 개념이 서로 긴밀하게 연결되지 않고 따로 논다는 느낌을 받을 때가 있지 않나요? 책에서는 나름대로 연관 있는 개념들끼리 묶어놨을 텐데 왜 머릿속에서 정리가 잘 안될까요? 이유는 간단합니다. 개념을 정리한 건 '책'이지 '여러분'이 아니기 때문입니다. 게다가 책은 여러분들의 입맛에 맞게 내용들을 정리해주지 않습니다. 여러분이 스스로 배운 내용들을 연결 지으려면 직접 내용들을 정리해 볼 필요가 있습니다.

일단 일반적인 책을 한 번 볼까요? 화학책의 일부를 옮겨 적어 봤습니다.

...(중략) 어떤 물질에 녹아 들어가는 물질을 용질, 어떤 물질을 녹이는 물질을 용매라 하며, 용질이 용매에 녹는 현상을 용해라고 한다. 용질이 용매에 균일하게 용해된 물질을 용액이라고 부른다. 설탕물을 예로 들면, 설탕물은 일종의 용액이며, 설탕은 용질, 물은 용매가 된다.

보시면 용질, 용매, 용해, 용액이라는 딱 봐도 헷갈릴만한 개념들을 설명하고 있습니다. 문제는 이렇게 헷갈리는 내용이 일목요연하게 정리되어 있지 않고 길게 풀어 작성되어 있다는 점입니다. '내용 연결이 잘 안 돼요!'라고 불만을 표하는 학생들은 이렇게 말로 쭉 풀어쓴 부분을 자신만의 언어로 정리하지 않는 경우가 많습니다. 그냥 처음부터 보기 좋게 정리된 요약서나 참고서를 보면 해결되는 부분 아닐까? 하고 생각하는 친구들도 있을 겁니다. 하지만, 요약서는 말 그대로 '시험에 나올만한 중요한 부분을 요약해놓은 것'이지 '교과서의 모든 내용을 적어놓은 것'이 아닙니다. 따라서 이미 한 번 모든 내용을 배운 학생이 복습용으로 요약서를 보는 건 좋지만 처음 공부하는 학생에게 요약서는 독이 될 수 있습니다. 중요한 부분만 배우고 나머지 부분을 간과할 수 있기 때문입니다. 따라서 처음 배우는 학생들은 교과서를 보든가 교과서의 모든 내용이 들어있는 자세한 참고서를 보되 자신이 직접 요약정리를 하면서 봐야 합니다.

다시 앞에서 본 화학책의 일부를 봅시다. 저 내용을 여러분의 언어로 정리를 해야 합니다. 만약 저라면 이렇게 정리할 것 같군요.

```
┌─────────────────────────────────────────────────────┐
│ ┬── 용질 : 녹아들어가는 물질    예) 설탕              │
│ ├── 용매 : 녹이는 물질    예) 물                     │
│ ├── 용해 : 용질이 용매에 녹는 현상                   │
│ └── 용액 : 용질이 용매에 균일하게 용해된 물질        │
└─────────────────────────────────────────────────────┘
```

이렇게 정리하면 한 눈에 보기 쉽고 교과서의 모든 내용을 다 담을 수 있죠. 이런 식으로 어떤 과목(특히 사회나 과학 같은 암기과목)을 처음 공부할 때에는 요약서를 먼저 보지 말고 긴 글로 풀어 쓴 교과서나 참고서를 자신이 직접 정리해야 합니다. 또한, 위와 같이 헷갈리는 용어나 서로 비슷하거나 정반대인 개념들을 묶어서 정리하면 내용들 간의 연결이 쉬워지겠죠?

_ 눈으로만 읽으니까 머리에 잘 안 남아요

책을 읽으면서 공부하다 보면 분명히 열심히 읽긴 했는데, 정작 책을 덮으면 '내가 뭘 배운 거지?'하고 갸우뚱할 때가 있습니다. 그건 책을 '눈으로만' 읽기 때문입니다. 공부할 때 눈만 사용하다 보면 당연히 눈이 빨리 피로해지고 그에 따라 집중력이 감소할 수밖에 없습니다. 눈으로만 읽은 뒤에 책 내용이 잘 기억이 나지 않는다면, 손, 입, 귀를 같이 이용해 보는 것이 좋습니다. 책을 읽더라도 그냥 보는 것이 아니라, 눈으로는 책의 글자를 보면서, 동시에 입으로 책의 내용을 소리 내어 읽어보는 겁니다. 그러면 자연스럽게 귀가 여러분이 말한 내용을 듣게 됩니다. 여기에 손을 이용해 중요한 내용을 필기해 가면서 읽으면 완벽하다고 할 수 있습니다.

눈으로 한 번 쓱 보고도 책 내용이 잘 기억나면 물론 좋겠지만, 그렇지 않은 사람이 많죠. 물론 저 역시 눈으로만 책을 보면 내용이 머릿속에 잘 안 남고 기억이 오래가지 않았습니다. 하지만, 직접 말하고 듣고 쓰면서 공부하면 기억이 더 오래 지속되는 걸 느꼈습니다. 물론 도서관같이 조용히 해야 하는 공공장소에서는 쓸 수 없는 방법이지만, 집에서 혼자 공부할 때는 충분히 이용해볼 가치가 있는 공부법입니다.

계획을 잘 세우는
방법은?

1. 플래너를 너무 예쁘게 꾸밀 필요는 없다. 본인만 알아볼 수 있도록 간략하게 작성한다.

2. 시행착오를 거치며 자신의 공부량을 객관적으로 파악한다.

3. 시간보다는 분량을 기준으로 계획을 세워야 한다.

4. 플래너를 사용하면 모든 과목들을 균등하게 공부할 수 있다.

요즘 공부법에 관한 책을 보면 으레 등장하는 키워드가 있습니다. 바로 '플래너'죠.

플래너란, 쉽게 말해 학업계획표입니다. 공부를 잘하려면 공부 계획을 잘 세워야 한다. 상당히 일리 있는 말입니다. 그러면서 항상 보여주는 게 명문대 합격생의 계획표들이죠. 그것들을 보다 보면 날짜별로는 물론이고 시간별로 공부해야 할 분량들이 예쁘게 정리되어 있고 뭔가 저런 계획표 하나 만들면 공부의욕이 샘솟을 듯한 기분이 듭니다. 하지만 막상 시도해보면 계획표를 작성하는 것 자체가 굉장히 힘든 일이란 걸 깨닫게 되고 금방 포기하게 됩니다. 작심삼일이란 말도 있지만 계획표를 세우는 노하우가 없다면 삼일은커녕 하루 만에 포기할 가능성이 큽니다. 그럼, 어떻게 해야 계획을 잘 짤 수 있을까요?

　우선 시각적 요소에 너무 집착하기 마시기 바랍니다. 즉, 너무 예쁘게 꾸미는 데에 집중하지 말라는 말입니다. 가끔 보면 하루치 계획을 짜는데 1시간 넘게 투자하는 분들이 계시는데 자칫 시간낭비일 수 있습니다. 계획표(플래너)는 남들한테 보여주려고 쓰는 것이 아니라는 걸 명심해야 합니다. 그저 여러분 스스로가 오늘 뭘 할지를 파악하기 위해 쓰는 '도구' 일뿐입니다. 그리고 열심히 쓴 플래너를 수시에 써먹을 수 있지 않을까? 라고 생각하실 수 있는데, 안타깝지만 그건 몇 년 전 얘기입니다. 예전 수시에서는 플래너를 몇 권씩 증빙서류로 제출할 수 있었지만 최근 수시에서는 증빙서류는 최대 3장 정도입니다. 때문에 플래너 작성에 지나치게 시간을 투자하지 않길 바랍니다.

　그리고 계획표를 만들 때에는 최소한 1주일 정도는 시행착오를 거쳐야 합니다. 자신이 공부할 수 있는 양을 과대평가해서 계획한 공부를 다 못할 수도 있고 혹은 그 반대일 수도 있습니다. 하지만 그건 계획표를 짜는 사람이라면 누구나 겪게 되는 당연한 현상입니다. 적어도 1주일 정도는 자신의 공부량을 객관적으로 판단해보는 테스트 기간으로 여기는 게 좋습니다. 그 과정을 거쳐서 자신의 학습량을 파악하면 계획을 세우는 데 한결 수월할 겁니다. 또한, 계획을 세울 때에는 시간을 기준으로 하기보다 분량을 기준으로 하는 게 좋습니다.

즉, '수학을 2시간 동안 공부하자'보다는 '수학 문제를 40개 푼다.'가 더 좋은 계획이라는 소리죠. 시간을 기준으로 계획을 세우면 진짜 공부를 하기보다는 그저 시간 때우기에 초점을 맞출 가능성이 크기 때문입니다. 게다가 하루치 할당량을 빨리 끝낼수록 쉬는 시간이 많아지기 때문에 공부의욕도 높아질 겁니다. 물론 쉬는 시간을 늘리기 위해 일부러 할당량을 적게 잡는 일은 절대로 하면 안 되지요.

_ 계획표(플래너)의 장점은?

공부를 잘하시는 분들이 계획표를 강조하는 데에는 다 이유가 있겠지요? 계획표를 세우면 많은 이점들이 있겠지만, 제가 생각하기에 가장 큰 장점은 바로 공부를 균등하게 할 수 있다는 점입니다. 저 같은 경우, 아무래도 수학, 과학은 좋아하지만 그에 비해 영어, 국어는 싫어했습니다. 그래서 따로 계획을 세우지 않으면 하루 종일 수학, 과학만 공부하고 영어, 국어는 뒤로 미루다가 결국 안 하게 되더군요. 하지만 계획을 세우면, 그나마 하루에 할당된 양만큼은 꾸준히 해주니 과목에 대한 감이 떨어지는 걸 방지해주는 것 같습니다. 계획표 같은 거 없어도 혼자서 모든 과목을 균등하게 공부할 수 있다면야 더할 나위 없겠지만, 그렇지 못한 사람이 대부분입니다. 물론 저도 포함해서요. 따라서 특정 과목을 편식하고 다른 과목들을 기피하는 분들은 플래너의 효과를 톡톡히 볼 수 있을 겁니다.

PART
2

수시 준비

수시가 뭔가요?

수시에는 크게 4가지 전형이 있으며 학생 본인에게 유리한 전형을 골라야 한다.

음, 일단 수시를 상당히 복잡하고 어려운 전형으로 아시는 분들이 많은데요, 실은 전혀 복잡하지 않습니다. 대학교에 입학하는 방법에는 크게 2가지 유형이 있습니다. 하나는 질문해주신 [수시]가있고, 다른 하나는 [정시]가 있습니다. 정시는 수능 점수와 약간의 내신으로 학생들을 선발합니다. 내신 같은 경우, 대학교마다 반영여부와 반영 비율이 천차만별이기 때문에 가고 싶은 대학교의 입학처 사이트를 방문할 필요가 있습니다. 게다가 정시에서 내신을 전혀반영하지 않는 대학교도 있는데, 대표적인 곳이 서울대학교입니다. 정시의 경우 대학 수학능력시험(수능)을 잘 보면 절대적으로 유리합니다.

수시의 경우 단 1번의 시험(수능) 결과로 모든 것이 결정되는 수능에 비해서 학생의 종합적인 능력을 평가하는 측면이 있습니다. 수시의 경우 몇 가지 전형으로 세부 분류할 수 있는데 표로 정리하면 다음과 같습니다.

전형 종류	특징
학생부 교과	교과 성적(내신)을 중점적으로 평가합니다. 내신이 1점대 초반인 최상위권 학생들이 지원합니다. 전교 1등을 위한 전형이라 할 수 있죠. 보통 수능 최저 기준이 존재합니다.
학생부 종합	교과 성적(내신)뿐 아니라 동아리, 봉사, 독서 활동 같은 비교과 활동도 종합적으로 평가합니다. 보통 수능 최저 기준은 존재하지 않습니다. 공부만 잘하는 학생이 아닌 다방면에서 뛰어난 잠재력을 지닌 학생들을 선발하려는 전형이죠.
논술	대학별로 논술 시험을 보며 당연히 학교마다 문제가 다릅니다. 교육과정 내에서 출제되지만 일반적으로 수능 문제보다 난이도가 높습니다. (약간의 내신 + 논술 점수)로 선발하며 몇몇 학교를 제외하면 대부분 수능 최저 기준이 존재합니다.
특기자	말 그대로 특정 분야에 재능이 있는 학생을 선발하려는 전형입니다. 외국어 특기자, 과학 특기자 등이 있으며 예, 체능 계열이 주를 이룹니다.

아마 대다수의 학생들이라면 수시에서 지원할 수 있는 전형은 '학생부 종합' 아니면 '논술' 전형입니다. 위의 표는 수시 전형을 간략하게 나타낸 표로서 어디까지나 참고용으로 만든 자료입니다. 자세한 사항은 지원하는 대학교 입학처 홈페이지를 방문하여 정확한 전형 계획을 읽어보아야 합니다.

생활기록부에
어떤 내용을 넣어야 할까요?

생활기록부에 풍부한 내용을 적으려면 담임 선생님, 교과 담당 선생님에게 적극적으로 요구해야 한다. 가만히 있으면 생기부에 평범한 내용만 적히게 될 뿐이다.

생활기록부는 수시, 특히 학생부 교과/종합 전형에 지원하는 학생이라면 가장 신경 써야 할 대상입니다. 보통 입학사정관들이 학생을 평가할 때 (생활기록부 + 자소서)를 가지고 평가하기 때문이죠. 학생이 직접 작성하는 자소서와는 달리 학교 선생님들이 작성해주는 생활기록부는 어쩌면 자소서에 비해 더 객관적이고 신뢰성 있는 자료라고 할 수 있습니다. 생활기록부는 엄연히 선생님들이 작성해주지만 그 안에 들어갈 내용은 학생이 어느 정도 관여할 수 있습니다. 그렇다면 생활기록부에 어떤 내용을 넣어야 플러스(+) 요인이 될까요?

우선, 생활기록부에 대체 어떤 내용이 기록되는지를 정확히 살펴봐야 합니다. 이것 역시 표로 간략하게 정리하면 다음과 같습니다.

1. 인적사항	2. 학적사항	3. 출결사항	4. 수상경력
5. 자격증 및 인증	6. 진로희망사항	7. 창의적 체험활동	8. 교과학습발달상황
9. 독서활동상황	10. 행동특성 및 종합의견		11. 학년이력

보시는 바와 같이 생활기록부에는 총 11개의 영역에 관한 내용이 적혀 있습니다. 이때 학생들이 신경 써야 하는 부분을 정리하면 다음과 같습니다. (나머지 영역은 학생 본인의 개인정보와 출석에 관한 사항으로 특별히 신경 쓸 필요는 없어요. 무단결석만 안 하면 별 문제 없습니다.)

수상경력	진로희망 사항	창의적 체험활동	교과학습 발달상황	독서활동	행동특성 및 종합의견

_ 수상 경력이 중요한가요?

수상 경력에는 학교에서 받은 상은 모두 기록할 수 있습니다. 중간고사, 기말고사 잘 보면 받는 성적우수상부터 수학, 과학, 영어 등 각종 경시대회 상까지 모두 기록할 수 있죠. 수상경력은 학생에 관한 중요한 정보 2가지를 제공합니다. 첫째 학생의 우수한 능력을 입증하는 객관적인 자료입니다. 외부 수상 실적 기록이 거의 불가능한 현시점에서 학생의 특정 분야에서의 우수한 능력을 보여줄 수 있습니다. 두 번째로 학생의 특정 분야에 대한 관심을 보여줍니다. 정규 교과과정을 공부하기에도 벅찬 마당에 각종 수상까지 한다면 분명 그 학생의 남다른 관심과 성취도를 보여줍니다.

특히 자신의 전공과 관련된 수상을 하면 좋은 플러스(+) 요인이 됩니다. 예를 들어 영어영문학과를 지망하는 학생이 영어 말하기 대회에서 상을 타면 자소서나 생기부에 적을 내용이 더 풍부해지겠죠? 하지만 그렇다고 해서 자신의 전공과 관련이 없는 대회는 무시해도 된다는 건 아닙니다. 저 같은 경우 수학교육과를 목표로 하는 학생이었지만 온라인 논술 대회에서 상을 탔습니다. 제 전공과 직접적인 연관은 없지만 전 이걸 자소서에서 '수학에만 국한되지 않고 여러 분야에 관심이 있었다.'에 대한 근거로 활용했습니다. 즉, 본인의 전공이나 진로에 직접적으로 관련되지 않은 수상이라 해도 얼마든지 수시에 활용할 수 있다는 거죠.

결론적으로 수상을 하면 좋습니다. 하지만 너무 수상에 목매실 필요는 없습니다. 비록 생활기록부 수상경력에는 기록되지 못하지만 자소서에서 수상을 하기 위한 노력 등을 얼마든지 적을 수 있습니다.

사실 가장 간단한 내용이지만 의외로 많은 학생들이 고민하는 부분입니다. 진로희망에는 쉽게 말해 여러분이 원하는 목표를 적으면 됩니다. 대체로 특정 '직업'이겠지요. 여러분의 생각대로 자유롭게 적되 몇 가지 주의사항은 지켜주셔야 합니다. 우선, 자신이 지원하는 학과와 관련 있는 진로를 골라야 합니다. 사실 무척 당연한 얘기죠? 이때 단순히 '회사원'이라고 적는 것보다는 '어떠어떠한 일을 하는 회사원'이라고 적는 게 좋습니다. 자소서도 마찬가지이지만 생기부를 작성할 때에도 뭐든지 구체적으로 적는 것이 좋습니다.

두 번째는 진로희망에 일관성이 있어야 한다는 점입니다. 진로희망은 한 학년마다 하나씩 기록할 수 있습니다. 즉, 1학년/2학년/3학년 때의 진로희망으로, 총 3개까지 기입할 수 있죠. 이때 이 세 가지 진로희망이 최대한 비슷한 것이 유리합니다. 진로희망이 중간에 너무 휙휙 바뀌는 것보다는 하나의 목표를 세우고 일관되게 노력하는 모습을 담아내야 합니다. 자신에게 맞는 직업을 잘 모르겠거나 어떤 직업들이 있는지 구체적으로 알고 싶다면 아래의 사이트를 이용해 보시길 바랍니다.

커리어넷 (http://www.career.go.kr/cnet/front/main/main.do)
(포털사이트에 [커리어넷]을 검색하시면 사이트에 쉽게 들어갈 수 있습니다.)
아마 중, 고등학교 진로 교육 시간에 한 번쯤은 들어보셨을 겁니다. 실제로 직업에서부터 대학 학과까지 진로에 관한 다양한 정보가 실려 있고, 진로심리 검사도 받을 수 있는 사이트입니다. 아직, 목표로 하는 전공과 직업이 뚜렷하지 않은 학생이라면 꼭 한 번 들어가 보시길 바랍니다.

_ 창의적 체험활동이란?

만약 수시를 준비하는 학생이라면 생기부에서 가장 신경을 기울여야 할 부분이 바로 창의적 체험활동입니다. 여기에는 말 그대로 학생이 고등학교를 다니면서 하게 된 활동을 모두 기록할 수 있습니다. 우선, 창의적 체험활동에 기록할 수 있는 내용들을 크게 나누어 보면 아래와 같습니다.

창의적 체험활동에는 어떤 내용을 기록할 수 있는가?	
자율 활동	학생회 활동, 학교에서 실시하는 여러 가지 프로그램
동아리 활동	동아리 활동 내용, 소감
봉사활동	봉사활동의 내용과 시간, 활동기관과 소감
진로활동	진로 교육, 학생 개인이 진로에 관해 독자적으로 한 활동

창의적 체험활동을 적을 때에 가장 중요한 것은 담임선생님에게 넣고 싶은 내용을 적극적으로 말씀드리는 겁니다. 일단 생기부는 진실된 내용만을 적고 학생 본인이 아닌 담임선생님이 작성하기 때문에 학생 스스로가 내용을 크게 바꿀 수 는 없습니다. 하지 않은 활동을 넣을 수도 없고 이미 한 활동을 마음대로 뺄 수도 없습니다. 그

렇다고 해서 선생님이 적어주시는 그대로 가만히 생기부를 내버려 둬서는 안 됩니다. 담임선생님께서 여러분에게 관심이 너무 많으셔서 생기부를 풍족하게 작성해주신다면 정말 최고겠지만 그렇지 못할 수도 있기 때문입니다. 따라서 생기부에 추가하고 싶은 내용이 있다면 여러분이 직접 선생님에게 요구를 해야 합니다. 단순히 '어떤 활동을 얼마 동안 했다.'로 끝나는 것보다는 '어떤 활동을 얼마 동안 하면서 이렇게 발전했다.'로 적혀 있는 게 더 좋은 생기부라 할 수 있습니다. 하지만 선생님에게 특별히 요구를 하지 않으면 보통 생기부에는 전자처럼 적히는 일이 다반사입니다. 따라서 자신이 한 활동 중 부각시키고 싶은 것이 있다면 주저 말고 선생님에게 요구하시기 바랍니다.

자율 활동의 경우, 단순히 학교에서 진행하는 프로그램에 참석했다는 정도로만 끝내지 말고 그 활동을 하고 난 뒤에 어떤 변화가 있었는지를 기술하는 것이 좋습니다. 동아리 활동 같은 경우엔 동아리 담당 선생님들이 모든 동아리 부원들의 생기부 내용을 동일하게 작성해주시는 경우가 많습니다. 따라서 뭔가 강조하고 싶은 동아리가 있다면 직접 동아리 선생님을 찾아가시기 바랍니다. 특히, 선생님에게 적극적으로 요구해야 빛을 발하는 분야가 봉사, 진로 활동입니다. 봉사활동의 경우 따로 특별한 요구가 없으면 그저 봉사활동의 내용과 시간만 딸랑 적힐 뿐입니다. 하지만, 대학교가 학생의 생기부 봉사활동에서 보고 싶은 내용은 단순히 봉사를 몇 시간 했냐가 아니라 그 학생이 봉사활동을 통해 봉사정신을 길렀느냐 입니다.

따라서 단순히 수치만 기록할 것이 아니라 봉사활동 후 소감, 느낀점 등을 적극적으로 적어야 합니다. 진로활동 같은 경우, 마치 자소서처럼 학생 개개인의 개성을 드러낼 수 있는 부분입니다. 여기에는 다른 분야에 비해 비교적 자유롭게 활동을 기술할 수 있습니다. 예를 들어 역사에 관련된 학과에 지원하고자 하는 학생이라면 방학 중에 역사 박람회를 갔다 온 내용을 기록할 수 있겠지요. 이때, 중요한 것은 단순히 '~을 했다, ~에 갔다 왔다' 같은 말보다는 이러이러한 활동이 학생의 진로에 대해 어떠한 생각을 하게 되었는지, 무엇을 느꼈는지를 위주로 기록해야 한다는 점입니다.

_ 교과학습 발달상황을 풍부하게 만들려면?

교과학습 발달상황 영역의 경우 여러분의 담임선생님이 아니라 각 교과 담당 선생님께서 기록해주시는 부분입니다. 예를 들어 국어 과목의 발달상황은 국어 담당 선생님께서 적어주십니다. 여기서도 학생이 적극적으로 교과 담당 선생님께 적고 싶은 내용을 요구해야 합니다. 어떤 선생님들은 발표를 하거나 리포트를 써오면 생기부에 적어주신다고 아예 말씀하시는데, 이런 경우 최대한 성실히 참여하는 것이 좋습니다. 특히 자신의 전공과 관련된 교과목에는 '한 줄이라도 더 적겠다!'는 마인드로 열심히 달려들어야 합니다.

대부분의 학생들은 선생님의 수업에 적극적으로 참여하지 않고 요구도 하지 않는 것이 현실입니다. 따라서 선생님들도 다수의 학생의 생기부에 똑같은 말을 복사+붙여넣기 하시는 경우가 많습니다.

물론 입사관분들도 그런 점을 잘 알고 계십니다. 하지만, 생기부에 학생 본인만의 내용이 적혀 있다면 이건 상당히 높게 평가됩니다. 학생의 관심과 적극성을 반영하는 기록이기 때문이지요. 저 같은 경우 아무래도 수학에 관한 학과에 지원하려 했기 때문에 수학 선생님들과 좀 친하게 지내려고 노력했던 것 같습니다. 수학 동아리에도 들어가서 선생님들에게 수학에 흥미가 있는 아이라는 인식을 심으려고 했죠. 그리고 수학에 관련한 책을 읽으면 수학 선생님들께 독서기록장을 제출해서 교과학습 발달사항에 적어주시라고 요구했습니다. 그 결과 수학 과목만큼은 생기부가 꽤 풍부하게 만들어지더군요.

_ 독서활동에는 어떤 책을 써야 하나요?

학생의 개성을 드러낼 수 있는 중요한 요소 중 하나가 바로 독서 활동입니다. 사실 고등학교 때 독서를 하기란 매우 어렵습니다. 일단 고등학교 1학년부터 3학년까지 거의 계속 시험이 있지요. 1, 2학년 때는 중간/기말고사와 3/6/9/11월 학력평가를 보고 3학년 때에는 뭐 말이 필요 없지요. 거의 3주에 한 번꼴로 시험을 보고 11월에는 대망의 수능이 기다리고 있기에 별도로 독서 시간을 내는 것이 힘듭니다.

이미 입사관분들도 이러한 대한민국 고등학생의 쓸쓸한 현실을 잘 알고 계십니다. 따라서 입사관들은 바쁜 와중에도 책을 꾸준히 읽은 학생을 높이 평가합니다. 특히 자신의 전공에 관련된 책뿐 아니라 다양한 분야의 골고루 읽어 교양을 기른 학생을 좋아합니다. 따라서 책을 읽을 때에는 자신의 전공에 관련된 책과 자신의 전공과는 크게 관련이 없는 교양서를 거의 반반의 비율로 읽어 주시는 것이 좋습니다. 그리고 책을 읽었으면 항상 독서기록장을 작성하는 습관을 들이시기 바랍니다. 책만 읽고 기록을 하지 않으면 나중에 독서 활동을 쓸 때 책을 몽땅 처음부터 다시 봐야 하는 대참사가 발생합니다. 따라서 책을 읽었으면 다음과 같이 독서기록장을 쓰시기 바랍니다.

30조 과학 법칙	2014-01-04 오후...	한글과컴퓨터 한
녹색시민 구보 씨의 하루	2013-09-29 오후...	한글과컴퓨터 한
당신 거기 있어줄래요	2015-01-01 오후...	한글과컴퓨터 한
데미안	2013-04-29 오후...	한글과컴퓨터 한
수학을 쉽고 재미있게 소개해주는 책들	2013-07-08 오후...	한글과컴퓨터 한
수학의 위대한 순간	2013-11-03 오후...	한글과컴퓨터 한
영화는 좋은데 과학은 싫다고	2014-07-24 오전...	한글과컴퓨터 한
오일러가 사랑한 수 e	2013-09-01 오후...	한글과컴퓨터 한
이광연의 수학 블로그	2013-10-14 오후...	한글과컴퓨터 한
이광연의 오늘의 수학	2013-12-21 오후...	한글과컴퓨터 한

제 독서기록장 파일입니다. 이렇게 책을 읽자마자 바로 독후감을 쓰면 나중에 자소서에 쓰기도 좋고 독서 활동에 적을 내용이 풍부해집니다. 그리고 책을 읽을 때에는 너무 어려운 책에 집착하실 필요가 없습니다. 뭔가 있어 보이려고 어려운 고전이나 전문서적을 읽는 친구들이 있는데, 그거 상당히 위험한 전략입니다. 물론 어려운 책이라도 제대로 읽고 독서활동에 기재하면 상관이 없지만 대충 읽고 기재했다가 면접 때 질문 받으면 심히 난감할 수 있습니다. 절

대로 책의 수준으로 학생의 독서 수준을 평가하지 않습니다. 따라서 자신에게 맞는 책을 제대로 읽기를 권장합니다.

행동 특성 및 종합의견을 쓸 때도 여러분이 담임선생님께 '이러이러하게 써주세요'라고 요구를 해야 합니다. 담임선생님은 독심술사가 아닙니다. 따라서 담임선생님과의 면담시간 등을 활용해서 생기부에 적을 내용을 직접 전달해드리기 바랍니다. 여러분이 아무것도 요구하지 않으면 선생님도 아무것도 안 써주실 가능성이 높습니다.

1. 학생 스스로 관심분야에 대해 탐구하고 작성한 보고서를 의미한다.

2. 학생부 종합 전형에서 좋은 스펙이 될 수 있다.

3. 자기소개서를 작성할 시 증빙서류로서 제출할 수 있다.

소논문 활동은 보통 R&E (Research and Education)이라고도 불리며 중, 고등학생들이 본인이 관심 있는 분야, 주제에 대해 나름의 탐구, 연구 활동을 하고 이에 대한 보고서를 작성하는 활동을 의미합니다. 쉽게 말해 마치 대학생, 대학원생들이 논문을 작성하는 것처럼 중, 고등학생들이 그 작성 형식을 차용해 자신만의 논문을 작성하는 것이죠.

원래는 과학고, 영재 고등의 특목고를 위주로 진행되었던 활동이었지만 최근에는 수시, 그중에서도 학생부 종합 전형에 활용할 수 있는 스펙이 되기 때문에 일반고에서도 소논문 작성 활동이 활발하게 이루어지고 있는 추세입니다. 특히 이러한 소논문 작성 활동은 자기소개서에도 기재할 수 있으며 그 학생이 전공에 대해 얼마나 깊이 이해하고 있고 흥미와 관심이 있는지를 보여주는 좋은 소재입니다. 소논문은 단순히 교과서에 있는 지식만을 배우는데 그치지 않고 학생 본인이 직접 관심 분야에 대해 탐구했다는 것은 전공에 대한 남다른 관심과 자기주도적 학습능력을 보여줍니다. 게다가 이를 대학교에서는 자소서 관련 증빙서류로 제출할 수 있는데 이러한 소논문은 훌륭한 증빙서류가 되어줍니다. 따라서 수시, 그중에서도 학생부 종합 전형을 준비하는 학생이라면 소논문으로 자소서, 생기부에 자신의 학업 능력과 잠재력을 부각시키는 것이 좋습니다.

소논문은
어떻게 작성하나요?

소논문을 작성하는 건 좋지만 막상 쓰려고 하면 막막해집니다. 왜냐하면 학생들은 글을 써본 적이 별로 없기 때문입니다. 일반적인 글도 써본 적이 없는데 하물며 소논문처럼 학술적인 글은 더더욱 써본 적이 없을 겁니다. 따라서 소논문을 작성하기에 앞서 학생들은 논문을 어떻게 작성하는지 그 형식을 배우고, 그 다음에 소논문의 주제를 정하고, 어떤 방식으로 연구를 진행할 것인지를 먼저 생각해야 합니다. 이 파트에서는 학생들이 소논문을 작성할 때 알아두면 좋은 팁들을 몇 가지 적어보도록 하겠습니다.

_ 소논문은 어떤 형식으로 쓰나요?

일단 소논문도 일종의 논문이기 때문에 일반적인 논문의 형식을 그대로 따라가는 것이 좋습니다. 하지만 논문의 형식이라는 것이 큰 틀은 존재하지만 세부적인 내용은 학생의 연구 분야, 방법에 따라 조금씩 달라질 수 있다는 점을 명심하시기 바랍니다. 아래에 보여드리는 형식은 일반적인 논문의 형식입니다. 처음 소논문을 작성할 때에는 최대한 형식에 맞춰 써보면서 논문을 어떻게 써야 하는지 감을 잡아보는 것이 좋습니다.

---

1. 서두 (논문의 시작 부분)
    A. 제목 (논문의 내용과 요점을 잘 설명해 줘야 합니다.)
    B. 목차 (논문의 각 내용과 해당 페이지)

2. 본문
    A. 서론
        a. 연구의 목적과 필요성 (논문의 연구를 하게 된 배경)
        b. 선행연구 (본격적인 연구에 앞서 다른 사람이 진행한 연구에 관한 글)
    B. 본론 (본격적인 연구와 그 과정 서술)
    C. 결론 (연구 결과와 소감을 서술)

3. 참고자료
    A. 참고문헌 (논문 작성 시 참고한 책, 다른 논문을 표시)
    B. 부록 (각종 사진, 그림, 설문 자료를 기재)

계속 말씀드리지만 제가 보여드리는 건 어디까지나 '예시'일뿐입니다. 일단 위의 형식에 맞춰 써보려고 노력하되 일정 부분은 학생 본인의 필요에 맞게 변형시킬 수 있다는 점은 명심하시기 바랍니다.

소논문의 형식을 대략적으로 파악했다면 이제부터는 본격적으로 주제를 정해서 탐구 활동을 해봐야 합니다. 그런데 막상 주제를 정하기가 쉽지만은 않습니다. 소논문 쓰기에 적합한 주제로는 무엇이 있을까요? 솔직히 고등학생 수준에서 할 수 있는 탐구 활동은 별로 없습니다. 고등학생이 직경 20km짜리 입자가속기를 사용해야 하는 물리 실험을 할 수 있을까요? 당연히 불가능하죠. 고등학생이 할 수 있는 실험/탐구라고 해봤자 교과서에 제시된 탐구 활동을 직접 해보고 이에 조금 더 심화된 활동을 하는 것이 대부분입니다.

자신이 할 수 있는 연구가 별로 없다고 해서 실망하실 필요는 없습니다. 여러분이 소논문을 작성하는 근본적인 이유를 생각해보셔야 합니다. 여러분은 지금 '소' 논문을 쓰는 것이지 진짜 '논문'을 쓰는 것이 아닙니다. 입학사정관들도 여러분의 논문에서 '이 논문이 얼마나 전문적이고 혁신적인가?'보다는 '이 논문에 학생 본인의 관심, 흥미, 재능, 노력이 담겨있는가?'에 더 포커스를 맞춰 평가합니다. 따라서 너무 창의적이고 혁신적인 주제를 정하려고 애쓰지 말고 자신이 실제로 할 수 있는 탐구 활동을 하시기 바랍니다. 자신이 관심 있는 분야 혹은 대학에서 전공하려는 분야에 대한 흥미와 열정을 보여주는 것만으로도 충분합니다.

주제를 정할 때는 우선 자신이 대학에서 전공할 분야와 관련된 주제를 선택하는 것이 좋습니다. 이때 자신이 전공할 분야와 관련된 고등학교 교과서를 참고하는 것이 좋습니다. 그리고 단순히 교과서에서 나온 탐구 활동을 그대로 따라 하는 것보다 여러 가지 탐구 활동을 해보면서 그들 사이의 공통점을 이끌어 내거나 혹은 하나의 탐구 활동을 좀 더 일반적인 경우로 확장시키는 등 학생 본인만의 '재해석'이 필요합니다. 교과서에 수록된 기본적인 활동을 기반으로 하되 거기서 한 걸음 더 나아가는 것이 포인트입니다. 또한 학생 본인이 자신 있게 설명할 수 있는 탐구 활동을 해야 합니다.

활동 내용이 너무 난해하고 고차원적이라서 제대로 설명할 수 없다면 그건 안 하느니만 못합니다. 항상 면접관과 소논문에 대해서 오랫동안 자연스럽게 대화를 할 수 있을 정도로 소논문 주제에 대해 정확히 이해해야 합니다.

_ 소논문 작성에도 요령이 있나요?

수학 문제 푸는 데 요령이 있듯이 소논문을 작성하는 데에도 요령이 있습니다. 우선 소논문의 제목과 목차를 정해야 합니다. 제목 같은 경우 소논문의 핵심적인 내용을 압축적으로 보여줄 수 있어야 합니다. 예를 들어 [강낭콩 관찰]처럼 도저히 무슨 내용인지 짐작할 수 없는 두루뭉술한 제목보다는 [영양제 구성성분에 따른 강낭콩의 성질 관찰]처럼 논문의 핵심적인 내용을 대략적으로 파악할 수 있는 제목이 더 낫습니다. 이때 논문 내용을 너무 압축하느라 자칫하면 제목이 추상적이게 될 수 있는데 제목을 지을 때에는 소논문의 내용을 한 줄로 요약한다는 느낌으로 지으시면 됩니다.

이제 목차를 작성해야 하는데 소논문을 쓰는데 처음부터 목차를 완벽하게 작성하기란 힘듭니다. 따라서 일단 대략적인 계획 틀만 잡은 다음 연구를 진행하면서 목차를 더욱 디테일하게 다듬어주면 됩니다. 이제 논문의 본격적인 내용 부분을 차지하는 본문을 써야 합니다. 서론에서는 학생 본인이 왜 이 연구를 했는지 구체적인 계기와 이 연구의 바탕이 된 기본적인 지식들을 언급해줘야 합니다. 연구를 하려면 일단 이유가 있어야겠죠? 그리고 그 연구를 하기에 앞서 다른 사람들이 이미 했던 연구, 즉 선행연구를 간단하게나마 언급해주는 것이 좋습니다.

본론에서는 탐구/연구 활동을 적으시면 됩니다. 이때 실험이나 조사를 할 경우 다른 사람이 내 논문을 읽고 똑같이 따라 할 수 있을 정도로 구체적으로 써야지라는 마음을 가지기 바랍니다. 결론에서는 말 그대로 자신의 연구에 대한 객관적인 결론을 쓰면 됩니다. 이때 연구를 하고 난 뒤 자신이 느낀 소감을 간략하게 적는 것도 좋습니다. 보통 [연구의 의의], [연구의 한계], [소감]을 주로 쓰는 편입니다.

참고자료에서는 자신이 참고한 모든 내용을 빠짐없이 기록해야 합니다. 만약 자신이 어떤 책이나 논문을 보고 참고했다면 그 책/논문의 제목과 저자, 발행연도를 정확하게 적어야 합니다. 특히 그림이나 도표, 통계 자료에 대한 출처를 안 남기는 실수를 많이 하는데요. 학생 본인이 직접 제작한 자료가 아니라면 반드시 출처가 어딘지 명확히 표시해줘야 합니다. 가뜩이나 요즘 논문 표절에 관한 뉴스가 심심치 않게 나오는 만큼 이런 부분에 특히 신경을 써줘야 합니다.

　　백번 듣는 것보다 한 번 보는 게 낫다는 말은 소논문을 쓸 때에도 그대로 적용됩니다. 이렇게 기본적인 내용을 백날 들어봤자 막상 써보려 하면 또 잘 안 써지는 게 소논문이죠. 따라서 소논문을 처음 써보는 학생이라면 우선 다른 사람들이 어떤 식으로 논문을 쓰는지 한 번 살펴볼 필요가 있습니다. 아래에 소개된 사이트들은 논문 등 각종 학술 정보를 쉽게 얻을 수 있는 사이트들입니다.

　　• 구글 학술 검색 : https://scholar.google.co.kr/
　　일반적인 구글 사이트와 달리 논문 등 학술 자료를 중심으로 검색됩니다. 보통 해외 학술 자료를 검색할 때 사용합니다.

　　• 국회 전자 도서관 http://www.nanet.go.kr/main.jsp
　　국회에서 운영하는 전자 도서관 사이트입니다. 보통 국내 학술 자료를 검색할 때 사용합니다.

　　• 디비피아(DBpia) : http://www.dbpia.co.kr/
　　각종 저널, 논문, 전자책 등을 검색할 수 있는 사이트입니다.

　　• 한국학술정보(KISS) : http://kiss.kstudy.com/
　　국내 학술 자료를 검색하는데 유용한 사이트입니다. 많은 논문들을 무료로 pdf 문서로 다운로드 받을 수 있습니다.

또한 자신의 소논문에 대규모 통계, 설문조사 자료가 필요하다면 아래의 사이트를 방문해보는 것도 좋은 방법입니다. 고등학생 개인으로서는 하기 힘든 방대한 양의 조사 결과를 볼 수 있습니다.

• 국가 통계 포털 http://kosis.kr/
각종 통계 자료를 검색할 때 용이한 사이트입니다.

자소서는
어떻게 써야 하나요?

1. 자소서에는 공통 문항 3개와 대학교 자율 문항 1개가 있다.

2. 자소서 준비는 빠르면 빠를수록 좋으며 계속해서 수정을 해줘야 한다.

3. 자소서에는 최대한 구체적으로 적어야 한다.

4. 자소서에서 각 문항의 내용이 유기적으로 연결되어야 한다.

수시, 특히 학생부 종합 전형에서 가장 중요한 요소라고 할 수 있는 자기소개서! 과연 자기소개서는 어떻게 써야 할까요? 사실 자기소개서라는 말 자체는 지극히 간단합니다. '학생 자신을 소개하는 글'이죠. 분량도 그렇게 길지 않습니다. 공통문항의 경우 최대 3500 자이며 4번 항목까지 고려하면 자기소개서에 최대로 쓸 수 있는 분량은 5000자입니다. A4로 두 장 정도 되는 분량이죠. 아니, 고작 A4

2장 쓰는 게 뭐 그리 어렵다고 난리냐? 라고 생각하시질도 모르겠습니다. 하지만 막상 해보면 자기소개서 쓰는 게 굉장히 고된 작업이라는 걸 깨닫게 됩니다. 일단 자소서에 의해 원하는 대학에 합격/불합격될 수 있다는 불안감과 거기에 평소에 글을 써보지 않아 미숙함이 더해져서 자소서를 쓰기 더 어렵게 만듭니다.

제가 비록 대학교를 수시로 들어가진 않았지만 수시(학생부 종합 전형)도 열심히 준비했고 서울대학교와 고려대학교에 1차 서류 통과한 만큼 자소서에 관해 나름대로 경험과 노하우가 있다고 할 수 있죠. 저 역시 자소서를 쓰면서 불안함과 막막함을 많이 경험했는데 여러분들도 아마 비슷한 느낌을 받을 겁니다. 그럴 때 제 팁이 약간이나마 도움이 되길 바라는 마음으로 이 글을 써봤습니다.

_ 자소서에는 대체 무엇을 써야 하나요?

네, 가장 근본적인 질문이지요. 도대체 자기소개서(약칭 '자소서')에는 무슨 내용을 적어야 할까요? 자소서는 자신을 소개하는 글이라는 뜻으로 언뜻 보기엔 자신의 개성을 마음껏 드러낼 수 있는 글같아 보이지만 사실 엄격하게 형식이 정해져 있습니다. 일단 모든 대입용 자기소개서에는 3가지 공통문항이 존재합니다.

1. 고등학교 재학 기간 중 학업에 기울인 노력과 학습 경험에 대해, 배우고 느낀 점을 중심으로 기술해 주시기 바랍니다. (1,000자 이내)

[출처: 한국대학교육협의회, 2016년도 자기소개서]

1번 문항은 지원자의 학습에 초점을 맞춘 문항입니다. 대학교는 중/고등학교보다 더 깊이 있는 공부를 하는 곳이기 때문에 학생의 학업/학습 능력을 체크해야겠지요? 1번 문항에서는 학생이 어떻게 공부했는지 구체적인 방법이나 경험을 써야 합니다.

> 2. 고등학교 재학 기간 중 본인이 의미를 두고 노력했던 교내 활동을 배우고 느낀 점을 중심으로 3개 이내로 기술해 주시기 바랍니다. 단, 교외 활동 중 학교장의 허락을 받고 참여한 활동은 포함됩니다. (1,500자 이내)

[출처: 한국대학교육협의회, 2016년도 자기소개서]

2번 문항은 학생이 학교에서 실질적으로 어떤 활동을 했는지를 살펴보기 위한 문항입니다. 조건을 충족시키면 교외활동도 적을 수 있지만 대부분 교내 활동 위주로 많이 적습니다. 교내 활동이라고 해서 뭐 대단한 프로젝트 같은 게 아닙니다. 반장/부반장이나 학생회 활동, 동아리 활동, 스포츠/예체능 활동, 봉사활동이나 심지어 정규 수업까지 그야말로 학교 안에서 벌어진 활동이면 아무거나 써도 됩니다. 물론 지원자 본인에게 의미 있는 활동을 써야 좋은 점수를 받겠죠?

> 3. 학교생활 중 배려, 나눔, 협력, 갈등 관리 등을 실천한 사례를 들고, 그 과정을 통해 배우고 느낀 점을 기술해 주시기 바랍니다. (1,000자 이내)

[출처: 한국대학교육협의회, 2016년도 자기소개서]

3번 역시 구체적인 활동을 적는 문항입니다. 대신 앞의 두 문항과 다른 점이라면 구체적인 키워드(배려, 나눔, 협력, 갈등관리)가 존재한다는 거죠. 3번 역시 학교 내에서 벌어진 일이라면 아무거나 써도 됩니다. 학생회 같은 공식적인 일부터 친구랑 싸우다가 화해하는 지극히 개인적인 일까지 그 범위는 매우 넓습니다. 하지만 제시된 키워드에 맞는 사례를 들고 단순히 경험에서 끝나는 것이 아니라 거기에서 교훈 등을 이끌어내야 합니다.

지금까지 살펴본 것인 자소서의 공통문항입니다. 이 3개의 문항은 모든 대학의 자소서에 공통적으로 써야 합니다. 몇몇 대학의 경우 4번 항목이 따로 존재하는데 문제는 대학마다 조금씩 다릅니다. 자신이 지원하는 대학의 자기소개서 양식을 반드시 다운로드해서 4번 문항이 무엇인지 살펴봐야 합니다! 몇몇 대학의 4번 문항을 살펴볼까요?

> 4. 고등학교 재학 기간(또는 최근 3년간) 읽었던 책 중 자신에게 가장 큰 영향을 준 책을 3권 이내로 선정하고 그 이유를 기술하여 주십시오.
> ▶ '선정 이유'는 각 도서별로 띄어쓰기를 포함하여 500자 이내로 작성
> ▶ '선정 이유'는 단순한 내용 요약이나 감상이 아니라, 읽게 된 계기, 책에 대한 평가, 자신에게 준 영향을 중심으로 기술

[출처: 2016학년도 수시 서울대학교 자기소개서]

서울대의 경우 4번 문항에서 특이하게 독서활동에 관해 물어봅니다. 책은 총 3권까지 쓸 수 있고 각각의 책을 500자 이내로 써야 하죠. 일반적인 독후감처럼 책의 줄거리만 쓰다 보면 어느새 500자가 다 채워져 난감해지게 됩니다. 책의 줄거리보다는 그 책이 자신

에게 어떠한 영향을 미쳤고 그 책에서 무엇을 깨달았는지를 위주로 써야 좋은 점수를 받을 수 있습니다.

> 4. 고등학교 재학기간 중 진로 선택을 위해 노력한 과정 또는 개인적인 어려움이나 좌절을 극복한 과정의 사례를 구체적으로 기술해 주시기 바랍니다. (1,000자 이내)

[출처: 2016학년도 수시 연세대학교 자기소개서]

연세대 같은 경우 4번에서 해당 학과(학부)에 지원하기 위한 노력과 개인적인 어려움을 극복한 사례를 쓰라고 합니다. 지원자가 해당 학과에 얼마나 관심이 있고 능력이 있는지와 위기 대처 능력을 평가하기 위한 문항이군요.

> 4. 대학입학 후 학업계획과 향후 진로계획에 대해 기술하세요. (500자 이내)

[출처: 2016학년도 수시 세종대학교 자기소개서]

세종대의 경우 4번 문항에서 입학 후 학업/진로 계획을 쓰라고 합니다. 대학교에 입학했다는 달콤한 상상을 하면서 작성해야 하는 문항이죠. 이때 단순히 '스펙 쌓고 토익 공부하고……' 같은 추상적이고 누구나 다 할 것 같은 계획보다는 보다 구체적이고 지원자의 장래희망과 관련 있는 계획을 써야 합니다.

지금까지의 문항들을 표로 정리해보면 다음과 같겠군요.

구분		문항설명
공통문항	1번	학업에 기울인 노력과 학습 경험, 느낀 점
	2번	고등학교 재학 기간 중 본인이 의미를 두고 노력했던 교내 활동
	3번	학교생활 중 배려, 나눔, 협력, 갈등 관리 등을 실천한 사례
대학교 자율	4번	자신에게 가장 큰 영향을 준 책
		진로 선택을 위해 노력한 과정, 역경 극복 사례
		대학입학 후 학업계획과 향후 진로계획

[더 자세한 내용은 한국대한교육협의회(www.kcue.or.kr)을 참고해주세요.]

_ 공통문항 1번 공략

1. 고등학교 재학 기간 중 학업에 기울인 노력과 학습 경험에 대해, 배우고 느낀 점을 중심으로 기술해 주시기 바랍니다. (1,000자 이내)

이제, 각 문항별로 어떻게 써야 좋은 점수를 받을 수 있을지 한 번 알아볼까요? 물론 제가 전문적인 자소서 컨설턴트는 아니지만 제 나름대로 알아낸 자소서 쓰는 팁들을 간략하게나마 소개해볼게요. 일단 1번을 보시면 중요한 포인트는 바로 '학업에 기울인 노력과 그로 인해 느낀 점'입니다. 이때 중요한 점은 어떠한 노력을 했는지 명확히 써야 한다는 점이죠. 아래의 두 자소서를 비교해볼까요? 실제 합격 자소서는 아니고 제가 설명용으로 만든 자소서입니다.

[1번]
저는 중학교 때까지만 해도 수학 성적이 높았습니다. 하지만 고

등학교에 들어온 뒤로는 수학에서 원하는 점수를 못 받고 약간 좌절을 겪었습니다. 정신 차리고 보니 중학교 때는 상상도 못했던 등수를 받았고 수학을 제대로 공부하기로 마음먹었습니다. 그 이후로 학교 수업시간뿐 아니라 자습시간 때에도 수학을 열심히 공부했고 점차 상적이 나아졌습니다. 결과적으로 수학을 더 잘하게 되었고 하면 된다는 자신감이 생겼습니다.

[2번]

저는 중학교 때까지만 해도 수학 성적이 높았습니다. 하지만 고등학교에 들어온 뒤로는 수학에서 원하는 점수를 못 받고 약간 좌절을 겪었습니다. 정신 차리고 보니 중학교 때는 상상도 못했던 등수를 받았고, 수학을 제대로 공부하기로 마음먹었습니다. 그 이후로 제가 수학을 공부하는 방법에 어떤 문제점이 있는지를 살펴보았습니다. 그러다 문득 제가 수학 공식을 쓸 때 조건을 간과한다는 사실을 깨달았습니다. 공식이 뭔지는 알지만 그것이 어떠한 경우에 성립하는지는 미처 신경을 쓰지 못했던 겁니다. 그때부터 수학 공식이나 정리의 조건 부분에 형광펜으로 표시하면서 예전에 비해 조건에 신경을 많이 쓰게 되었습니다……(중략)…… 수학에선 공식 그 자체뿐 아니라 그것이 성립한 배경이 중요하다는 걸 깨달았습니다.

이제 [1번] 자소서와 [2번] 자소서를 서로 비교해봅시다. 합격생의 자소서가 아닌 제가 멋대로 만든 자소서라 퀄리티가 다소 떨어지는 점 진심으로 사과드립니다. 어쨌든 여러분이 보기엔 두 자소서 중 어떤 자소서가 더 좋아 보이나요? [1번] 보다는 [2번] 자소서가 더 그럴듯해 보이지 않나요? 우선 [1번] 자소서의 아쉬운 점을 지적해보겠습니다. 공통문항 1번의 핵심은 '학업에 기울인 노력과 학습 경험에 대해 구체적으로 쓰는 것'에 있습니다. 즉 어떤 노력을 했는지를 명확하게 드러내야 합니다.

공부 방법을 쓰고 싶다면 다른 사람이 여러분의 자소서를 읽고 그 공부법을 그대로 따라 할 수 있을 만큼 구체적으로 써야 합니다. 하지만 [1번] 자소서를 보면 수학을 단순히 '열심히' 공부했다고 하네요. 이것만 가지고는 이 학생이 도대체 어떻게 공부했는지 알 길이 없습니다. 게다가 '열심히'라는 말은 지극히 주관적인 것이죠, 열심히 했다면 도대체 어느 정도로 열심히 했는지 알려줘야 하지만 이 자소서는 그렇지 못하네요.

자소서만큼은 비밀주의가 되어서는 안 됩니다. 입학사정관들은 여러분을 모릅니다. 입학사정관이 여러분에 대해 아는 것은 생활기록부와 자기소개서뿐입니다. 하지만 생활기록부는 여러분 마음대로 쓸 수가 없죠. 결과적으로 여러분의 마음과 생각을 입학사정관에게 전달할 수 있는 유일한 방법이 자소서입니다. 따라서 자소서가 불명확하면 입사관이 여러분에 대해 아는 정보도 그만큼 불명확해집니다. 자소서를 쓸 때, 특히 1번 항목은 매우 구체적이고 자세하게 적어주셔야 합니다.

그럼 여러분에게 참고용 자료가 되도록 제가 실제론 쓴 자소서를 보여드리겠습니다. 제가 직접 말하기는 좀 그렇지만 1차 서류평가를 통과했기에 꽤나 신용할 만한 자소서라고 할 수 있습니다. 제 자소서를 통해 보충설명을 해보겠습니다.

[실제 합격 자소서 – 서울대 수학교육과]

「저는 고등학교 3년 동안 사교육 없이 모든 과목을 스스로 학습했습니다. 덕분에 마음껏 공부할 수 있는 시간적 여유를 얻었지만 주체할 수 없는 과목 편식의 문제가 발생했습니다. 좋아하는 수학, 과학 외에 상대적으로 다른 과목은 소홀하게 된 것입니다. 과목 간 밸런스를 맞추기 위해 학습 플래너를 이용했는데 결과적으로 학습량 관리, 조절 습관도 익히게 되어 학습효율을 높일 수 있었습니다.

또 다른 문제는 학습의 깊이였습니다. 아무래도 혼자 공부하다 보니 심화 부분의 이해가 부족했습니다. 이를 극복하기 위해 저는 교과서나 문제집에만 갇혀있지 말자고 생각하며 다양한 매체로 학습 영역을 넓혔습니다. 책에서는 자세히 증명해주지 않는 '롤의 정리'와 같은 증명이 궁금해졌고 Mathworld 같은 해외 수학 사이트를 방문하거나 RISS에 등재된 〈평균값 정리와 응용 – 최성규 저〉 같은 학위 논문을 보며 심화학습을 했습니다. 그 밖에 〈수학의 역사〉, 〈이광연의 수학 블로그〉 등의 책을 읽고 수학 개념의 역사적 유래와 탄생, 실생활에 어떻게 적용되는지를 배웠습니다. 이렇게 다양한 매체를 통해 알게 된 지식을 제 머릿속에만 묵혀두지 않고 다른 사람들에게 알릴 좋은 방법이 없을까 고민하던 중 개인 블로그(http://blog.naver.com/hosoo514)도 시작하게 되었습니다.

블로그에 제가 알게 된 흥미로운 수학 내용들과 정리의 증명을 수식 프로그램을 이용하여 최대한 자세히 포스팅했습니다. 방문자 수가 늘면서 질문 댓글이 달렸고, 거기에 답변하면서 오직 글과 그림만으로 인터넷 너머의 사람들에게 설명하는 것이 정말 어렵다는 것을 실감했습니다. 하지만 답변을 하면서, 또 블로그 소재를 찾으면서 자연스럽게 심화 공부를 하였으니 오히려 제가 얻는 것이 많았습니다. 제 글이 이해가 잘된다거나 궁금증이 풀렸다는 댓글을 볼 때마다 뿌듯함을 느끼기도 했습니다. 이러한 블로그 운영 경험과 자학자습 경험을 통해 스스로 탐구하는 환경을 조성하는 수학 교육자의 삶을 꿈꾸게 되었습니다.」

저 같은 경우에는 단순히 공부법을 적지 않고 왜 그런 방법으로 공부했는지 그 이유를 먼저 적었습니다. 그리고 책과 문제만 푸는 '누구나 하는' 방법이 아닌 '나만의 개성 있는 방법'을 소개했습니다. 이때 중요한 건 구체적인 설명입니다. '다양한 매체'라는 말만 하면 '그래서 대체 어떤 매체인데?'라는 질문을 받기 쉽습니다. 그래서 제가 활용한 매체의 예시를 적어놓았습니다. 특히 논문이나 책을 본 경우 단순히 '논문을 읽었다, 책을 봤다'에서 그치지 않고 제목과 저자를 명확히 밝혀 어떤 논문, 책을 읽었는지 확실하게 써야 합니다. 거기에 저는 '개인 블로그'를 자소서에 활용해봤는데, 저의 개성을 드러내는 부분이라 할 수 있죠. 사실 '학습 경험'에는 정말 다양한 내용이 들어갈 수 있습니다. 저처럼 블로그에 대해 적을 수도 있고 학교에서 소논문을 작성한 친구라면 그 논문을 쓰기 위해 기울인 노력을 적어도 됩니다. 자신만의 독특한 공부법이 있다면 그걸 적어도 되고 동영상이나 책을 읽고 공부했다면 그것에 관해 적어도 됩니다. 뭔가 거창하고 대단한 게 아니더라도 본인의 학습에 도움이 되었다고 생각되는 내용은 모두 적을 수 있습니다. 하지만 이때 중요한 건 구체적이고 개성 있게 적어야 한다는 점이죠. 또한 자신이 지원하는 학과의 특성을 반영하는 것도 좋은 방법입니다.

 꿀팁!!! **자소서 1번 항목 작성 시 고려해야 할 사항**

❶ 구체적이고 자세하게 적는다.
❷ 자신만의 개성을 드러낼 수 있으면 좋다.
❸ 지원하는 학과의 특성을 반영한다.
❹ 자신이 능동적인 학습자임을 강조한다.

_ 공통문항 2번 공략

2. 고등학교 재학 기간 중 본인이 의미를 두고 노력했던 교내 활동을 배우고 느낀 점을 중심으로 3개 이내로 기술해 주시기 바랍니다. 단, 교외 활동 중 학교장의 허락을 받고 참여한 활동은 포함됩니다. (1,500자 이내)

2번 같은 경우엔 '교내 활동'을 적어야 하는 문항입니다. 1번이 학습에 관련되기만 하면 비교적 자유로운 주제에 대해 쓸 수 있던 것에 비해 2번은 쓸 수 있는 주제가 '교내 활동'으로 다소 제한적입니다. 즉 2번 항목을 만든 목적은 '지원자가 학교생활에 얼마나 충실한가?'를 평가하려는 것이죠. 요즘 학교생활형 인재라는 말이 유행하고 있는데요, 학교 활동 다 무시하고 혼자 공부만 하는 학생보다는 학교생활을 충실히 하면서 공부도 잘하는 학생을 뽑고 싶다는 겁니다. 어찌 보면 학생들에겐 다소 부담이 커졌다고 할 수 있겠네요. 이때 '교내 활동'이라면 대체 어떤 활동을 말하는 걸까요? 교내 활동을 크게 분류해보자면 다음과 같습니다.

자소서 2번에 많이 쓰는 활동

❶ 동아리 활동　　❷ 체험 학습　　❸ 학급임원 / 학생회 활동

그 밖에 다양한 활동들이 있을 수 있겠지만 보통 위의 3가지 활동을 주로 쓰게 됩니다. 이때 오해하면 안 되는 게 저 3가지를 굳이 다 쓸 필요는 없습니다. '나 회장 된 적 없는데 그럼 학생부 종합전형에서 합격하기 힘든가요?'라는 걱정은 쓸데없는 걱정입니다. 심지어 저 같은 경우에는 항목 2번에 죄다 동아리 얘기만 적었습니다. 즉, 자신에게 의미만 있으면 되지 굳이 다양한 활동을 적을 필요는 없습니다. 심지어 정규 수업 시간 때 했던 인상 깊은 활동(예를 들면, 토론이나 발표, 조사 같은 것들)을 적어도 됩니다. 거듭 강조하지만 중요한 건 여러분이 그 활동을 통해 무엇을 느꼈는가 이지 무슨 활동을 했냐는 크게 중요하지 않습니다. 좀 극단적인 경우를 들

면, 전교회장을 해도 거기에서 크게 느낀 점이 없다면 2번 항목에 써봤자 좋은 점수를 얻진 못할 겁니다.

2번 항목에서 여러분이 조심해야 할 것은 바로 '다다익선'이라는 말입니다. 이게 무슨 말인고 하니 2번 항목을 유심히 보시기 바랍니다. 3개 이내의 활동을 적고 글자 제한이 1,500자입니다. 만약 3개의 활동을 적는다면 한 활동당 평균 500자를 쓸 수 있다는 말이죠. 500자면 상당히 많은 것 같지만 의외로 쓰다 보면 금방 500자가 채워집니다. 저도 처음엔 2번 항목에 활동 3개를 꽉 채워서 써보려 했죠. 나름 제 인생이 걸린 자소서인지라 최대한 많은 내용을 적으려는 욕심이 있었습니다. 하지만 한 활동당 500자 이내로 써보려다가 머리가 터질 것 같더군요. 일단 활동 하나에 대해 쓰려면 보통 다음과 같이 씁니다.

활동을 하게 된 동기 → 활동의 구체적인 내용 → 활동을 하고 난 후 느낀 점/교훈

500자면 많아 보이지만 한 활동을 적기엔 의외로 빠듯합니다. 일단 그 활동을 하게 된 동기에 관해 적어야 합니다. 다짜고짜 '그냥 했다'보다는 '~한 목적을 가지고 했다'라고 써야 글의 시작이 훨씬 자연스럽기 때문입니다. 그다음엔 활동의 내용을 적는 건데, 여기서도 구체적으로 적는 것이 가장 중요합니다. 만약 토론 동아리를 했다면 어떤 주제에 관해 토론을 했는지, 봉사 동아리를 했다면 어

떠한 봉사를 얼마만큼 했는지, 음악 동아리라면 어떤 장르의 음악을 하고 어떻게 연습했는지 등을 최대한 자세하게 기록해야 합니다.

제 개인적인 생각으론 1,500자 안에 세 가지 활동을 담기가 좀 어렵다면 2가지 활동으로 줄이는 것도 좋은 전략인 듯합니다. 실제로 저 같은 경우엔, 3가지 활동을 적으면 각 활동에 제가 적고 싶은 내용을 다 적지 못했습니다. 그래서 세 가지 활동 중 그나마 덜 의미 있는 활동 하나를 없애고 대신 나머지 두 활동을 더 자세하게 썼습니다. 한 활동당 500자에서 750자로 늘어나니 내용이 더 풍부해지고 글이 매끄러워지더군요. 구체적인 활동을 썼다면 그다음엔 그 활동을 통해 무엇을 느꼈는지를 써야 합니다. 단순히 '~했고 ~했다' 식으로 나열하는 건 의미가 없습니다. 정말 짧고 사소한 경험이라도 그 순간에 정말 무엇을 느꼈는지를 써야 합니다.

이번에도 참고용으로 제가 실제로 썼던 자소서를 올려보겠습니다. 아래의 글은 실제 1차 서류 통과한 자소서의 내용을 100%로 베껴온 겁니다. 제걸 제가 베낀 거니까 저작권은 신경 쓰지 않으셔도 됩니다.

[실제 합격 자소서 – 서울대 수학교육과]

「활동명: 수학 영재반」

수학 영재반은 영어 교재로 대학교 기초 수학을 배우는 활동입니다. 주로 실해석학, 수열, 극한, 집합, 함수의 정의 등을 다루었는데 고등학생인 저한테는 개념 하나하나 생소했습니다. 나름 Matheworld 같은 해외 수학 사이트를 방문하면서 영어로 수학을 다루는 것에 익숙해져 있다고 생각했으나 실제로 해보니 많이 어색했습니다. 하지만 저는 장차 수학교육과에 진학해서 수학을 배우고 싶기에 대학교 수학을 미리 배워볼 수 있는 좋은 기회라고 생각했습니다. 대학교 수학은 실로 놀라움의 연속이었습니다. 그중 가장 인상 깊었던 것은 Archimedean property라는 정리를 증명할 때였습니다. 이 정리는 임의의 실수보다 큰 자연수가 항상 존재한다는 정리인데 명제 자체가 너무 당연하기 때문에 언뜻 증명할 필요조차 없어 보였습니다. 하지만 기본적인 실해석학적 정리들을 사용하면 논리적으로 증명할 수 있었습니다. 수학은 이런 추상적인 개념도 논리적인 체계로 서술하고 증명하는 학문이라는 것을 다시 한 번 깨닫는 시간이었습니다. 비록 맛보기로 살짝 배웠지만 수학에 대한 흥미가 더욱 높아졌고 수학교육과에 지원해야겠다는 목표가 더욱 뚜렷해졌습니다.

「활동명: 수학 원정대」

2학년 때 이과 친구들과 함께 '수학 원정대'라는 수학 관련 동아리를 만들었습니다. 이 동아리는 단순히 수학 문제를 푸는 것에 그치지 않고 저희들끼리 직접 수학 문제를 만들어보고 그것을 친구들끼리 서로 풀고, 그 풀이 방법을 서로 발표하는 것이 주된 활동이었습니다.

문제를 열심히 만들고 첫 번째 발표시간이 찾아왔습니다. 딱히 발표 순서를 정하지 않았기 때문에 누가 먼저 할지 서로서로 눈치를 했습니다. 나늘 남늘 앞에서 문제를 설명해본 적이 거의 없기 때문에 선뜻 나서지 못한 것입니다. 하지만 저는 이걸 기회라고 생각했습니다. 저는 단순한 문제풀이 활동보단 문제의 조건을 변형했을 때 접근방법이 어떻게 달라지는 등을 친구들과 이야기해보는 활동을 원했습니다. 그래서 이참에 제가 앞으로의 동아리 활동의 흐름을 결정해보자는 마음으로 제일 먼저 발표했습니다.

처음 칠판으로 나갈 때는 생각 이상으로 떨렸습니다. 하지만 지식 나눔 멘토링 활동으로 이미 수학을 가르쳐본 경험을 살려 발표를 잘 마무리했습니다. 제 발표 이후로 다른 친구들도 적극적으로 발표에 임했습니다. 제가 먼저 동아리 활동을 시작하면서 일종의 기폭제 역할을 한 것 같았고 동아리 활동의 방향성을 제시했다는 점에서 저에게는 의미 있는 순간이었습니다. 그뿐 아니라 처음으로 여러 사람 앞에서 제가 전공할 분야인 수학에 대해 설명해 보았던 시간이었습니다. 단순히 어떤 지식을 아는 것과 그것을 남들이 이해할 수 있도록 설명하는 것에는 큰 차이가 있다는 것을 깨달았습니다. 제가 사범대에 진학해서 장차 수학 교육자가 되었을 때, 이때의 경험을 바탕으로 아는 것에서 멈추지 않고 항상 지식을 전달하는 자세를 잃지 않는 교육자가 되고 싶다고 생각했습니다.

저 같은 경우엔 2번 항목을 동아리 관련 얘기로 도배를 했습니다. 하지만 단순히 '동아리를 했다' 수준을 넘어 동아리를 통해 전공에 대한 관심과 흥미가 높아졌고 더 나아가 미래의 진로에 대해 생각하게 되었다는 점을 강조했습니다. 2번 항목에서 강조해야 할 점은 바로 학생의 전공적합성 또는 다재다능한 모습입니다. 저는 전공적합성을 극단적으로 강조한 타입이죠. 1500자가 다 수학, 교육에 관한 이야기밖에 없습니다. 반면에 학생의 다재다능함을 보여줄 수도 있는데, 공부뿐 아니라 스포츠, 음악, 미술 활동을 기록할 수도 있죠. 아니면 학급 임원 / 학생회 활동에 관한 내용을 적어서 리더십을 부각시킬 수도 있습니다. 1번 항목에서 '공부'에 초점을 맞췄다면 2번 항목에서는 '전공적합성', '잠재력'등 공부 외적 능력을 위주로 기술해야 하는 거죠.

 꿀팁!!! **자소서 2번 항목 작성 시 고려해야 할 사항**

❶ 단순히 활동을 나열하는 것보다는 그 활동에서 지원자가 이끌어낸 '의미 / 교훈'을 적어야 합니다.

❷ 학생의 공부 외적인 모습을 보여줄 수 있는 찬스입니다. 굳이 공부와 관련이 없어도 좋으니 열심히 한 활동이 있다면 적는 게 좋습니다.

❸ (어쩌면 가장 현실적인 팁입니다.)
1,500 자로 세 가지 활동을 적는 게 너무 힘들다면 두 가지 활동을 더 자세하고 풍부하게 적는 것도 하나의 방법입니다. (활동의 개수에 너무 집착하지 마세요. 물론 한 개만 쓰는 건 좀…….)

> 3. 학교생활 중 배려, 나눔, 협력, 갈등 관리 등을 실천한 사례를 들고, 그 과정을 통해 배우고 느낀 점을 기술해 주시기 바랍니다. (1,000자 이내)

　1번 항목과 2번 항목이 학생이 한 학업, 진로활동에 초점을 맞췄다면 3번 문항은 학생의 인성에 초점을 맞췄다고 할 수 있습니다. 문제에서 제시한 배려, 나눔, 협력, 갈등 관리라는 키워드를 글에 얼마나 잘 녹이느냐가 포인트라고 할 수 있습니다. 우선 3번 문항을 쓰기 전에 각 키워드에 적합한 활동을 한 가지씩은 먼저 떠올려 놓는 게 좋습니다. 자신이 어떤 배려를 했는지, 무엇을 나눴는지, 친구들과 협력한 적이 있는지, 갈등을 어떻게 해결했는지를 간략하게나마 떠올려 보는 겁니다. 그리고 그중에서 중점적으로 쓸 만한 내용 한두 가지를 고르시면 됩니다.

　3번 문항을 읽다 보면 오해하기 쉬운 부분이 있는데, 저 4가지 키워드를 다 쓰라는 말이 절대 아닙니다. 4개의 키워드 중 많게는 세 개, 심지어 하나만 써도 됩니다. 실제로 전 '나눔' 하나로 1000자를 채웠습니다. 특히 고등학교 때 딱히 문제를 일으키지 않고 평범하고 조용하게(?) 지낸 학생이라면 '갈등 관리'에 대해서 적을 만한 게 별로 없을 겁니다. 그런 학생들은 마땅히 떠오르는 게 없다면 아예 '갈등 관리'는 생략해도 상관없습니다. 그리고 3번 항목은 '학교생활' 안에서 쓰라고 했지 '학업활동' 안에서 쓰라는 말은 없습니다. 즉, 공부와 별 상관이 없는 사례도 적을 수 있다는 얘기죠. 특히 '협력' 키워드에서 축구나 농구 같은 팀 스포츠나 오케스트라, 합창단 같은 단체 활동에 관한 내용을 적는 것도 가능합니다. 만약 2번 항목에서 글자 수가 모자라 차마 쓰지 못한 내용이 있다면 3번 항목에 담을 수 있습니다. 단, 제시된 키워드와 어울리는 사건이어야겠지요?

그럼 이번에도 제 자소서를 참고하면서 이야기를 이어가 봅시다.

[실제 합격 자소서 – 서울대 수학교육과]

「지식 나눔은 토요일마다 주민센터를 방문해 초, 중학생에게 공부를 가르쳐주는 멘토링 프로그램입니다. 토요 동아리로 이미 수학 영재반 활동을 하고 있었지만, 수학교육자가 되기 위해서는 수학 공부 자체도 중요하겠지만 부족하지만 재능 기부를 통해 수학 공부 나눔을 실천하는 것이 더 중요하다는 생각에 수학 영재반을 포기하고 이 활동에 참여하게 되었습니다.

제 멘티는 중학교 2학년이었습니다. 처음에는 제 공부법을 알려줄 생각에 공부했던 자료를 닥치는 대로 모아서 가져갔고 저 자신이 들떴습니다. 하지만 수업 첫날부터 멘티가 수업을 잘 소화하지 못하였고 저는 답답함을 느꼈습니다. 첫 수업이 끝나고 뭐가 문제였는지 곰곰이 생각했습니다. 그러자 제가 근본적으로 간과한 것이 있었는데, 제가 가져갔던 자료는 저의 입장에서 준비한 것이지 멘티의 입장은 전혀 고려되지 않았다는 것입니다.

정작 배우는 사람은 아직 준비가 안 되어 있는데도 저는 지식을 주입시키려 하고 혼자서 가르칠 준비 완료인 상태였던 겁니다. 나눈다는 것은 주는 사람만 일방적으로 나눈다고 되는 게 아니며 받는 사람 역시 받을 준비가 돼 있어야 한다는 것을 깨달았습니다. 그 후로 저 혼자 준비했던 것은 한 수 물려두고 멘티와 소통하기 시작했습니다. 가장 먼저 그 아이가 어떤 점 때문에 수학을 어려워하는지에 대해 이유를 들어보았고 멘티가 문자에 대한 개념을 낯설어한다는 걸 알게 되었습니다. 그 후 멘티의 입장에서 문자에 대해 생각해보았고 수학의 역사, 수학 동아 등의 자료를 참고하여 문자의 필요성, 상수, 변수, 미지수, 다항식의 개념을 멘티가 이해하기 쉽도록 정리해서 수업에 활용했습니다. 그 결과 문자와 식에 대해 두려움을 떨쳐내고 자신감을 보여주었습니다. 멘티는 어려워했던 수학에 흥미를 붙이는 시간이었고 저는 지금까지 지식 나눔에 대해 잘못 생각하고 있었다는 것을 알아가는 시간이었습니다. 나눔이라는 것은 주는 사람과 받는 사람 모두 준비가 되어 있어야 하며 서로 협력해야 이루어질 수 있다는 것을 깨달았습니다.」

저 같은 경우 초, 중생 멘토링 봉사활동을 소재로 '나눔'에 관한 글을 썼습니다. 지겹게 반복하는 소리지만 자소서에서 중요한 건 언제나 '구체적인 서술'입니다. 단순히 '봉사활동을 했다.'로 끝내지 말고 '봉사활동에서 이러이러한 활동을 했다.'처럼 구체적인 설명을 써야 합니다. 입학사정관들이 보기에 '그래서 대체 뭘 했다는 거지?'라는 생각이 들지 않게끔 자세하게 써야 합니다. 그러기 위해서는 하나의 키워드에 대해 쓴다고 해도 글자 수가 상당히 많이 필요합니다. 따라서 4가지 키워드를 1,000자 안에 모두 우겨넣어 깊이가 얕은 글을 쓰는 것보다는 두 개 혹은 한 개의 키워드를 가지고 깊이 있는 글을 쓰는 게 더 좋습니다.

 꿀팁!!! **자소서 3번 항목 작성 시 고려해야 할 사항**

❶ '배려', '나눔', '협력', '갈등 관리' 4가지 키워드를 굳이 다 쓸 필요는 없습니다. 자신이 가장 쓰고 싶은 키워드 한두 가지를 자세하고 깊이 있게 쓰는 것이 좋습니다.

❷ 활동 내용은 최대한 구체적으로 써야 합니다. 읽으면서 '그래서 대체 뭘 했다는 거지?'라는 생각이 들면 절대 안 됩니다.

❸ 1번, 2번 항목에서 마저 못한 이야기를 적을 마지막 찬스입니다. 미처 못 적은 활동을 쓰되, 주어진 키워드에 부합하는지 꼭 생각해봐야 합니다.

지금까지 자소서 공통 문항 3개에 관해 저 나름대로 팁들을 써봤습니다. 저 역시 자소서 때문에 머리 싸매고 고민한 적이 있었던 사람으로서 제 팁들이 여러분에게 도움이 되었길 바랍니다. 다음 Q&A에서는 자소서를 쓸 때 주의해야 할 사항을 알아보겠습니다.

자소서 쓸 때
주의할 점이 있다면?

1. 전공에 대해 관심과 흥미, 재능이 있음을 강조해야 한다.
2. 각 문항에 적힌 내용들이 서로 긴밀하게 연결되어야 한다.

앞선 Q&A에서 자소서 각 항목에 관해 몇 가지 팁들을 드렸다면 이번에는 자소서 전체를 쓸 때 주의할 사항을 알려드리도록 하겠습니다. 누차 말씀드렸다시피 자소서는 여러분의 노력과 개성을 교수님들에게 보여줄 수 있는 가장 좋은 자료입니다. 하지만 아무리 활동을 열심히 하고 공부를 많이 해도 자소서 구성을 잘하지 못한다면 교수님들에게 좋은 인상을 남기기는 어렵습니다. 본인의 잠재력을 100% 다 보여줘도 부족할 판에 60~70%밖에 못 보여준다면 상당히 억울하겠죠? 이번엔 자소서를 전체적으로 어떻게 '구성해야 하는가?'에 대해 알아봅시다.

자소서에서 가장 중요한 건 여러분이 가고 싶은 학과에 대한 열정과 흥미가 있는지와 그 전공에 대해 얼마나 잘 알고 있는지를 보이는 겁니다. 따라서 1번 문항부터 4번 문항까지 틈틈이 전공과 관련된 내용을 언급하는 것이 좋습니다. 또한 자소서를 쓸 때 한 가지 팁을 드리자면 같은 학과라도 각 대학교마다 원하는 인재상이 다르다는 점입니다. 예를 들어, 같은 국어국문학과라도 서울대, 고려대, 연세대가 목표로 하는 인재상이 약간씩 차이가 있습니다. 따라서 전공에 관해 언급할 때에는 지원하는 대학의 학과 사이트에 접속해서 '학과 소개'를 반드시 참고해야 합니다. 네이버, 다음, 구글 같은 포털사이트에 [대학명+학과명]을 검색하시면 각 사이트에 쉽게 접속할 수 있습니다. 각 대학교가 원하는 적합한 인재상에 맞게 자소서를 작성하기 바랍니다.

_ 전체적인 내용을 연결시키자!

자소서에는 필수 문항 3개와 대학별 선택 문항 1개로 최대 4개의 문항이 존재합니다. 이때 4개의 문항에 대한 답이 따로 노는 것보다는 유기적으로 연결되어 있는 것이 더 좋은 자소서라 할 수 있습니다. 즉, 2번 항목을 작성할 때 1번 항목에서 이미 쓴 내용을 다시 언급하던가 4번 항목에서 2번 항목에 쓴 내용을 재확인하는 등 전체적으로 하나의 스토리 라인을 만들어야 합니다. 물론 처음부터 자소서를 유기적으로 쓰기란 매우 힘든 일입니다. 따라서 자소서를 쓰고 난 뒤에는 반드시 검토를 해야 하는 거죠. 검토를 할 때 오타 같은 기본적인 사항만 점검하지 말고 전체적인 자소서의 내용이 자연스럽게 읽히는지를 확인해보기 바랍니다. 만약 중간에 글이 끊기는 느낌이 있다면 글을 고쳐서 매끄럽게 연결시키는 것이 좋습니다.

PART

3

정시 준비

국어

국어에서 가장 중요한 게
뭐라고 생각하나요?

국어에서는 어휘가 중요하다. 영어단어를 외우듯이 국어도 모르는 어휘를 외워줘야 한다.

저도 이과생인지라 고등학교 3년 내내 국어가 골칫덩어리였어요. 일단 국어 공부하는 것 자체가 싫었고 읽어야 할 글도 너무 많았고…… 그냥 국어 공부가 즐겁지 않았습니다. 어떻게 하면 국어 공부를 좀 더 효과적으로 할 수 있을까? 라는 고민 끝에 제 국어 공부에 몇 가지 문제점을 발견했는데, 가장 큰 문제점은 바로 어휘였습니다.

일단 어휘가 어째서 큰 문제가 되는지 수능 문제를 보며 한 번 알아볼까요? 멀리 갈 필요 없이 제가 직접 치른 2016학년도 수능 문제를 예로 들어서 설명해보겠습니다.

[출처: 한국 교육과정 평가원, 2016학년도 수능 국어 A형]

글자가 너무 작아서 잘 안 보이실 텐데요, 그냥 수능 국어 지문이 대략 이런 식이라는 걸 보여드리기 위한 것뿐이니 글자를 하나하나 보시려고 애쓰지 않으셔도 됩니다. 중요한 건 이 정도 길이의 지문을 2분 안에 읽어야 한다는 점인데요. 그 이유는 수능 국어 시험 시간은 총 80분이고 문제 수는 총 45문제이기 때문입니다. 단순하게 계산하면 한 문제당 쓸 수 있는 시간은 대략 1분 40초…… 2분이 채 안 되는 시간입니다. 이때 저 정도 길이의 지문이 한 두 개냐? 그렇지 않다는 게 문제이죠. 국어 영역의 가장 큰 특징은 읽어야 할 텍스트가 매우 많고 그만큼 시간이 촉박하다는데 있습니다.

그러면 단순히 읽는 속도를 높이면 모든 문제가 해결되는가? 그랬다면 제가 이 글을 쓰고 있지 않겠죠. 국어 영역의 제시문들은 우리가 생활 속에서 흔히 쓰는 일상어가 아닌 학술적이고 한 번 들었을 때 알아듣기 어려운(?) 말들로 쓰여 있습니다. 앞서 샘플로 소개한 지문에서 그 예들을 한 번 찾아보겠습니다.

귀납은 현대 논리학에서 연역이 아닌 모든 추론, 즉 전제가 결론을 개연적으로 뒷받침하는 모든 추론을 가리킨다. 귀납은 기존의 정보나 관찰 증거 등을 근거로 새로운 사실을 추가하는 지식 확장적 특성을 지닌다. 이 특성으로 인해 귀납은 근대 과학 발전의 방법적 토대가 되었지만, 한편으로 귀납 자체의 논리적 한계를 지적하는 문제들에 부딪히기도 한다.

먼저 흄은 과거의 경험을 근거로 미래를 예측하는 귀납이 정당한 추론이 되려면 미래의 세계가 과거에 우리가 경험해 온 세계와 동일하다는 자연의 일양성, 곧 한결같음이 가정되어야 한다고 보았다. 그런데 자연의 일양성은 선험적으로 알 수 있는 것이 아니라 경험에 기대어야 알 수 있는 것이다. 즉 "귀납이 정당한 추론이다."라는 주장은 "자연은 일양적이다."라는 다른 지식을 전제로 하는데 그 지식은 다시 귀납에 의해 정당화되어야 하는 경험적 지식이므로 귀납의 정당화는 순환 논리에 ⓐ빠져 버린다는 것이다. 이것이 귀납의 정당화 문제이다.

[출처: 한국 교육과정 평가원, 2016학년도 수능 국어 A형]

위의 빨간색 네모 칸에 주목해주시기 바랍니다. '연역', '개연적', '선험적', '순환 논리'. 모두 우리의 일상생활과는 거리가 있어 보이는 단어들입니다. 물론 이 어휘들을 모른다고 해서 문제를 못 푸는 건 아닙니다. 하지만 1분 1초가 촉박한 시험장에서 이런 낯선 어휘들을 만난다면 지문을 읽는 속도가 떨어지게 되고 결국 시간 손실로 이어지게 되겠죠? 제가 생각하는 국어 공부에서 가장 중요한 점은 바로 이런 어휘들을 잡아주는 것입니다.

그렇다면 이런 어휘들을 어떻게 잡아야 할까요? 바로 사전을 적극적으로 활용하는 겁니다. 하지만 모르는 어휘들을 사전으로 찾다 보면 문제가 발생하는데요. 예를 들기 위해 위에서 빨간색으로 표시한 어휘들 중 '선험적'이라는 어휘를 사전에서 찾아보았습니다.

> **관형사·명사**
>
> <철학> 경험에 앞서서 인식의 주관적 형식이 인간에게 있다고 주장하는. 또는 그런 것. 대상에 관계되지 않고 대상에 대한 인식이 선천적으로 가능함을 밝히려는 인식론적 태도를 말한다.
>
> · 결사적으로 역사를 왜곡하려는 것도 **선험적** 열등 의식 때문일 것이다.   출처 : 박경리, 토지
> · 마치 **선험적**으로 알고 있었던 듯한 착각마저 든다.   출처 : 이호철, 문

[출처: 네이버 국어사전]

흠… '선험적'이라는 어휘를 몰라서 사전을 검색해보니 더욱 알 수 없는 말들이 나오네요. 과연 '선험적', 고작 3글자짜리 단어의 뜻을 알기 위해서 저 길고 긴 뜻풀이를 다 외워야 할 까요? 제가 생각할 때 그럴 필요까진 없습니다. 중요한 건 저 어휘의 '정확한 의미'를 '빠르게' 떠올릴 수 있어야 한다는 겁니다. 즉, 다소 빠진 내용이 있더라도 자신이 이미 알고 있는 어휘로 새로운 어휘를 익히는 게 좋습니다. 그래야 저 어휘가 다시 나왔을 때 쉽게 의미를 떠올릴 수 있기 때문이죠. 만약 저 같은 경우, '선험적'이라는 단어를 이렇게 정리할 것 같네요.

> 선험적: 경험하지 않고도 미리 아는 것

어떤가요? 비록 사전만큼 정확한 의미를 나타내진 않지만 나름 핵심적인 의미는 모두 내포하고 있습니다. 저 정도로만 정리해도 다른 지문에서 '선험적'이란 단어가 나왔을 때 당황하지 않고 빠르게 의미를 파악할 수 있습니다.

이 책을 읽고 계신 독자 분들은 아마 대부분이 한국인이실 겁니다. 즉, 우리는 한국어 네이티브라는 말이죠. 하지만, 네이티브이기 때문에 자기가 한국어를 다 알 거라는 착각에 빠지기 쉽습니다. 하지만, 대부분의 학생들이 지문에서 몇몇 낯선 단어가 있으면 독해 속도가 느려지고 이해력이 현저히 떨어지는 걸 경험하게 됩니다. 그런 경험을 피하기 위해서는 국어도 영어만큼은 아니지만 나름대로 어휘 / 문법 정리가 돼 있어야 합니다.

국어

책 읽기가 국어 공부에
도움이 되나요?

1. 독서가 국어 공부에 도움이 되는 것은 사실이다.

2. 단지 국어 공부를 위해 독서를 하는 것은 비효율적일 수 있다.

3. 어휘력을 키우면 독서를 많이 한 효과를 볼 수 있다.

일단 결론부터 말하자면 Yes! 입니다. 사실 책 읽기는 국어 공부에 도움이 될 수밖에 없습니다. 책을 읽는다는 것이 결국 긴 텍스트를 읽고 내용을 파악하는 과정인데 이건 국어 영역에서 요구하는 '독서능력'을 배양하는 데 큰 도움이 되기 때문이죠. 그래서 전 개인적으로 학생들이 아무리 바빠도 한 학기에 책을 1권 정도는 읽어 주는 게 좋다고 생각합니다. 특히 독서를 많이 한 친구들의 특징 중 하나가 바로 '맥락'을 잘 활용한다는 점입니다. 어렸을 때부터 독서를 많이 한 친구의 시선에서 수능 지문을 봐볼까요?

먼저 흄은 과거의 경험을 근거로 미래를 예측하는 귀납이 정당한 추론이 되려면 미래의 세계가 과거에 우리가 경험해 온 세계와 동일하다는 자연의 일양성, 곧 한결같음이 가정되어야 한다고 보았다. 그런데 자연의 일양성은 선험적으로 알 수 있는 것이 아니라 경험에 기대어야 알 수 있는 것이다. 즉 "귀납이 정당한 추론이다."라는 주장은 "자연은 일양적이다."라는 다른 지식을 전제로 하는데 그 지식은 다시 귀납에 의해 정당화 되어야 하는 경험적 지식이므로 귀납의 정당화는 순환 논리에 ⓐ빠져 버린다는 것이다. 이것이 귀납의 정당화 문제이다.

[출처: 한국 교육과정 평가원, 2016학년도 수능 국어 A형]

자꾸 똑같은 예시를 들어서 죄송하지만 좀 전의 지문을 '독서를 많이 한 학생'의 시각으로 다시 한 번 볼까요? 우선 이 학생도 '선험적'이란 단어의 정확한 뜻을 몰라서 순간적으로 당황했다고 합시다. 하지만 이 학생은 '선험적' 뒤에 나오는 문장을 보고 이 단어의 의미를 유추하게 됩니다. 어떻게 그럴 수 있을까요?

우선 빨간 네모칸 뒤의 파란 줄로 그어진 문장에 주목해보면, 다음과 같은 추론을 할 수 있습니다.

선험적이지 않다 = 경험에 기대어 안다
⇩
선험적이다 = 경험에 기대지 않고 안다

책을 많이 읽은 아이들은 이렇게 잘 모르는 단어를 만나도 주변 맥락을 이용해서 단어의 뜻을 추론할 수 있습니다. 그렇다면 지금 당장 잘 풀리지도 않는 국어 문제집은 뒤로 던져버리고 책을 읽어야 할까요?

그에 대한 대답은 No! 입니다. 책을 어렸을 때부터 읽어온 친구들이 아닌 이상 당장 책 2~3권 읽는다고 어휘력이나 문맥 추론 능력이 크게 상승하지는 않습니다. 일단, 책을 읽고 내용을 파악하는 능력을 키우는 데는 상당한 시간이 걸리고 단지 국어 성적 향상을 위한 독서는 너무 비효율적이라고 할 수 있습니다. 그러면 어렸을 때부터 책 많이 읽은 독서왕들에게 항상 뒤처져야만 하느냐? 그것 역시 아닙니다. 우리는 지금 수능 국어를 준비하는 거지 독서 토론 논술 대회를 준비하는 것이 아니기 때문입니다.

저 역시 고등학생 때 책을 열심히 읽는 학생은 아니었습니다. 하지만, 지문 속에 등장하지만 그 뜻을 확실히 모르는 어휘들을 저 나름대로 정리했습니다. 아는 어휘가 많아지니 자연스럽게 긴 국어 지문도 부드럽고 빠르게 읽을 수 있게 되었습니다. 이상으로 국어 영역에서 가장 중요하다고 생각하는 어휘에 대한 제 나름의 공략법이었습니다.

꿀팁!!! 모르는 어휘는 어디서 찾지?

자, 어휘의 중요성은 이제 충분히 알 것 같은데 그렇다면 모르는 어휘는 어디서 찾을까요? 설마 국어사전을 펴서 모르는 걸 일일이 다 정리해야 할까요? 제가 생각할 때 고등학생이 국어 어휘력을 늘리기 가장 좋은 방법은 다음 두 가지를 활용하는 겁니다.

기출문제 + EBS

국어 기출문제를 보시면 일단 긴 독서 지문에서 모르는 어휘들을 찾을 수 있고 문제 중에도 어휘 관련 문제나 속담/사자성어 관련 문제가 나옵니다. 또한 EBS 연계 교재에서도 자신의 부족한 어휘력을 보충할 수 있지요. 최근 10개년 정도의 기출문제와 해당 년도의 EBS에서 자기가 모르는 어휘만 잘 찾아서 정리해도 수능날 어휘 때문에 국어영역을 망치는 일은 없을 겁니다.

국어 독서(비문학)가
취약하다면?

1. 선지에 대한 근거를 지문에서 찾는 연습을 해야 한다.
2. 지문이 너무 길면 2~3개의 부분으로 끊어 읽어준다.
3. 키워드를 이용해 한 문단의 내용을 한 문장으로 요약하는 연습을
   한다.

　국어 독서 파트 같은 경우 긴 제시문이 주어지고 이 지문을 바탕으로 2~4 문제가 출제됩니다. 지문이 다루는 주제는 인문, 사회, 과학, 예술, 기술 등등 매우 다양하죠. 사실상 시험범위가 무한대라고 할 수 있습니다. 따라서 올해 수능에는 어떤 주제가 나올까? 라는 고민은 사실상 쓸데없는 고민입니다. 즉, 독서(비문학) 공부의 핵심은 여러분이 낯선 주제의 글을 만나더라도 침착하게 글을 읽고 문제를 풀 수 있도록 해야 한다는 점입니다. 어떻게 난생 처음 보는

생소한 지문을 읽고도 문제를 척척 풀 수 있을까요? 바로 국어 독서(비문학) 문제의 정답/오답의 근거는 모두 지문 속에 있기 때문입니다.

물체의 회전 상태에 변화를 일으키는 힘의 효과를 돌림힘이라고 한다. 물체에 회전 운동을 일으키거나 물체의 회전 속도를 변화시키려면 물체에 힘을 가해야 한다. 같은 힘이라도 회전축으로부터 얼마나 멀리 떨어진 곳에 가해 주느냐에 따라 회전 상태의 변화 양상이 달라진다. 물체에 속한 점 X와 회전축을 최단 거리로 잇는 직선과 직각을 이루는 동시에 회전축과 직각을 이루도록 힘을 X에 가한다고 하자. 이때 물체에 작용하는 돌림힘의 크기는 회전축에서 X까지의 거리와 가해 준 힘의 크기의 곱으로 표현되고 그 단위는 N·m(뉴턴미터)이다.

---

16. 윗글의 내용과 일치하지 <u>않는</u> 것은?

① 물체에 힘이 가해지지 않으면 돌림힘은 작용하지 않는다.
② 물체에 가해진 알짜 돌림힘이 0이 아니면 물체의 회전 상태가 변화한다.
③ 회전 속도가 감소하고 있는, 형태가 일정한 물체에는 돌림힘이 작용한다.
④ 힘점에 힘을 받는 지렛대가 움직이지 않으면 돌림힘의 평형이 이루어져 있다.
⑤ 형태가 일정한 물체의 회전 속도가 2배가 되면 회전 운동 에너지는 2배가 된다.

[출처: 한국 교육과정 평가원, 2016학년도 수능 국어 A형]

역시 수능 문제로 예를 들어보면 돌림힘을 주제로 한 지문이 하나 주어지고 16, 17, 18번 총 3문제가 한 세트로 되어 있습니다. 이 지문은 과학 지문이고 과학 중에서도 물리에 관한 지문입니다. 그러

면 수능 과탐으로 물리를 선택한 친구들은 이 문제를 맞히고 물리를 선택하지 않은 친구들은 틀려야만 하느냐? 절대로 그렇지 않습니다. 수능 독서 문제는 주제에 대한 배경지식이 없어도 문제를 푸는데 전혀 지장이 없게끔 출제됩니다. 그 증거를 16번 문제의 보기 ①에 대한 근거를 지문에다가 표시해보았습니다. 어떤가요? 지문을 제대로 읽기만 하면 굳이 평소에 돌림힘에 관한 지식이 없더라도 문제 푸는 데에는 전혀 지장이 없습니다. 여기서 독서 파트에 취약한 학생들이 익혀야 할 것은 바로 근거 찾는 연습입니다.

기출문제를 풀든 EBS를 풀든 국어 독서 문제를 풀 때에는 반드시 문제를 해결하기 위한 근거를 지문에다 표시를 해보시기 바랍니다. 이때 한 지문에 다수의 문제가 딸려 온다면 각각의 문제마다 볼펜의 색깔을 달리해서 근거를 찾아보는 게 좋습니다. 위의 문제를 예로 든다면 16번은 빨간색, 17번은 파란색, 18번은 분홍색으로 밑줄을 쳐보는 거지요. 그래서 각각의 문제에 힌트가 지문의 어느 위치에 놓여있는지 파악해보는 겁니다. 그러면 실전에서 문제를 풀 때에도 좀 더 수월하게 근거를 찾을 수 있을 겁니다.

물론, 위의 방법은 어디까지나 제가 썼던 방법일 뿐입니다. 각자 자기 자신에게 편한 방법이 있을 겁니다. 하나 명심해야 할 것은 국어 문제를 그냥 읽고 풀고 끝내는 것이 아니라 정답이면 이게 왜 정답인지, 오답이면 이게 왜 오답인지 근거를 지문에서 찾아내야 한다는 점입니다.

　대다수의 학생들이 국어, 특히 독서(비문학) 파트를 싫어하게
되는 원인이라고 할 수 있죠. 일단 글이 너무 길고 한 지문을 읽고
풀어야 하는 문제의 개수도 많습니다. 어떻게 하면 좀 더 빠르고 효
과적으로 독서 문제를 해결할 수 있을까요? 우선 독서 지문의 구성
부터 살펴봐야 합니다.

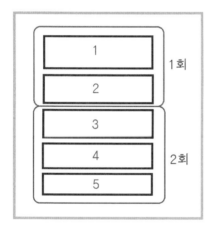

　독서 지문의 경우 보통 5~6 단락으로 구성되어 있습니다. 위의
그림은 5개의 단락으로 구성된 지문을 간략하게 표현한 그림입니
다. 기억력이 특출하게 뛰어난 몇몇을 제외한 대다수의 학생들은 독
서 지문을 1번만 읽고서는 모든 내용을 기억할 수가 없습니다. 그렇
다면 저 긴 글을 두세 번씩 반복해서 읽어야 할까요? 그러기에는 국
어 시험 시간 80분이 너무 촉박하게 느껴질 겁니다.
　이때는 긴 지문을 적절히 나눠서 끊어 읽는 것이 효과적입니다.

예를 들어 전체 단락이 5개라면, 한 번에 처음부터 끝까지 정독하는 것보다는 1~2 단락 먼저 읽고 문제 풀고 나머지 3~5 단락을 읽고 문제 푸는 것이 더 효율적일 수 있습니다. 독서 지문 1개당 문제가 보통 3~4개가 묶어서 출제가 되는데, 적어도 하나는 처음 1~2 단락만 읽고도 해결할 수 있는 문제가 있기에 지문 정독이 잘 안 되는 학생들에게는 끊어 읽기를 추천해드립니다.

_ 내용 파악이 잘 안 돼요

국어공부를 하다 보면 이런 생각이 들 때가 있을 겁니다. '아…… 지문을 읽어도 뭔 소린지 모르겠다!' 혹시 뜨끔 하셨나요? 수능 국어 독서 지문의 특성상 어쩔 수 없는 일입니다. 일상적인 소재를 사용하는 화법/작문에 비해 독서 지문에서는 항상 생소하고 학술적인 주제가 등장하기 때문입니다. 즉, 독서 파트에서 가장 필요한 능력은 '처음 보는 글을 읽어도 빠르게 중심 내용을 파악하는 능력'이라고 할 수 있죠.

하지만 글을 읽어도 내용을 잘 모르겠으면 어떻게 해야 할까요? 어쩔 수 없이 여러 번 글을 반복해서 읽어야 할 겁니다. 하지만, 제한된 시간 안에 마냥 글을 반복해서 읽을 수는 없습니다. 그래서 평소에 지문을 읽고 내용을 파악하는 힘을 키워놔야 합니다. 그런 힘을 키울 수 있는 방법 중 하나가 바로 요약하기 입니다.

> 노나카 이쿠지로는 지식에 대한 폴라니의 탐구를 실용적으로 응용하여 지식 경영론을 펼쳤다. 그는 폴라니의 '암묵지'를 신체 감각, 상상 속 이미지, 지적 관심 등과 같이 객관적으로 표현하기 어려운 주관적 지식으로 파악했다. 또한 '명시지'를 문서나 데이터베이스 등에 담긴 지식과 같이 객관적이고 논리적으로 형식화된 지식으로 파악하고, 이것이 암묵지에 비해 상대적으로 지식의 공유 가능성이 높다고 보았다.

[출처: 한국 교육과정 평가원, 2016학년도 수능 국어 B형]

'요약하기'는 평소 독서 문제를 풀면서 틈틈이 할 수 있습니다. 예를 들어 위의 단락을 요약해보기로 합시다. 요약하기는 전혀 어려운 일이 아닙니다. 6~8줄 정도 되는 단락 하나를 1줄로 짧게 만드는 게 전부입니다. 물론, 단락의 중요한 키워드나 내용이 들어가야 하죠. 우선 중요한 키워드들에 밑줄을 치고 그것들로 1줄짜리 요약문을 만들 수 있습니다.

노나카 이쿠지로 ⇨ { 암묵지(주관적)
　　　　　　　　　 명시지(객관적)

단락을 요약할 때, 굳이 문장을 만들려고 애쓸 필요는 없습니다. 중요한 건 자기 스스로 단락의 내용을 파악하기 쉽게 만드는 겁니다. 평소에 독서 지문을 요약하는 연습을 해준다면 실제 시험에서도 좀 더 쉽게 내용을 파악할 수 있을 겁니다.

국어

국어 문법이
취약하다면?

1. 비슷해서 헷갈리는 용어들을 정리한다.

2. 기출문제를 바탕으로 정말로 외워야 하는 것이 무엇인지 파악한다.

가끔 영어 문법보다 우리나라 문법이 더 어려워요!라며 불만을 토로하는 학생들을 볼 수 있는데요. 사실 저 역시 그랬습니다. 뭔가 국어 문법은 용어도 헷갈리고 도대체 어디서부터 어디까지 외워야 할지 감이 잘 안 잡혔거든요. 제 나름대로 이 문제를 해결하는 방법을 고안해봤는데 문법에서 어려움을 겪는 학생들에게 도움이 되었으면 좋겠네요.

_ 용어가 너무 헷갈리면?

국어 문법책을 펼쳐보시면 용어가 거의 엇비슷합니다. 대표적

예시를 몇 개 적어보자면

어근 VS 어간
어미 VS 조사 VS 접사

일단, 어근과 어간은 이름부터 헷갈리는군요. 거기에 어미, 조사, 접사는 이름은 전혀 다르지만 정확하게 이건 어미, 저건 조사, 요건 접사…… 이런 식으로 구분 짓기가 상당히 애매한 개념들입니다. 이렇게 국어 문법의 용어가 헷갈리면 어떻게 해야 할까요? 사실 막연하게 헷갈린다고만 생각하지 말고 뭐가 뭐하고 헷갈리는지만 정확하게 인지해도 80%는 성공이라고 생각합니다. 일단, 본인이 헷갈려하는 대상을 명확하게 파악하고 평소 보던 문법책을 참고해서 헷갈리는 대상들의 차이점을 명확하게 정리하시기 바랍니다.

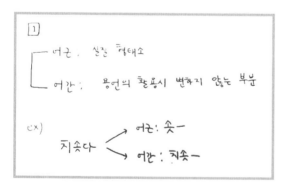

저 같은 경우, 헷갈리는 개념이 있다면 반드시 문법책을 참고하여 그 뜻의 차이를 명확히 안 다음에 그걸 따로 공책에다 정리를 했

습니다. 그렇게 정리한 노트를 모의고사 보기 전날 한 번 쭉 훑어줍니다. 고3 때는 모의고사를 거의 매달 보게 되는데, 그러다 보니 자연스럽게 한 달에 한 번 꼴로 복습이 되어 오랫동안 기억할 수 있게 되더군요. 일단, 자신이 어디가 헷갈리는지 파악한 다음에는 반드시 그걸 정리해 놓기 바랍니다. 안 그러면 나중에 또 잊어버리고 헷갈릴 가능성이 높아요.

_ 뭐를 외우고 뭐를 외우지 말까요?

국어 문법에 있어서 외우지 않아도 되는 것은 없습니다. '모조리 다 외우세요!'는 당연히 안 될 말씀이겠죠? 아니 그 많은 국어 문법을 무슨 수로 정확하게 다 외우나요? 우리는 지금 수능 국어 문법 문제가 목표라는 점을 잊어서는 안 됩니다. 우선 수능 국어 문법은 크게 두 가지입니다.

〈그림 – 1〉

```
─────────〈 보  기 〉─────────
○ 겹받침이 모음으로 시작된 조사나 어미, 접미사와 결합
  되는 경우에는 뒤엣것만을 뒤 음절 첫소리로 옮겨 발음
  한다. 이 경우, 'ㅅ'은 [ㅆ]으로 발음한다. ···············ⓐ
○ 겹받침 'ㄳ', 'ㄺ', 'ㄼ', 'ㅄ'은 어말 또는 자음 앞에서 각각
  [ㄱ, ㄹ, ㅂ]으로 발음한다. ·······························ⓑ
  이 후에는 다음과 같이 발음한다.
  • [ㄱ, ㅂ]은 'ㄴ, ㅁ' 앞에서 각각 [ㅇ, ㅁ]으로 발음한다.
    ······················································ⓒ
  • [ㄱ, ㅂ] 뒤에 연결되는 'ㄱ, ㄷ, ㅂ, ㅅ, ㅈ'은 각각
    [ㄲ, ㄸ, ㅃ, ㅆ, ㅉ]으로 발음한다. ····················ⓓ
  • [ㄱ, ㅂ]은 'ㅎ'과 결합되는 경우, 두 음을 합쳐서 각각
    [ㅋ, ㅍ]으로 발음한다. ·······························ⓔ
```

〈그림 – 2〉

> ① '같이'의 품사 정보와 뜻풀이를 보니, '같이'는 부사로도 쓰이고 <u>부사격 조사</u>로도 쓰이는 말이로군.
> ② '같이'의 뜻풀이와 용례를 보니, '같이②①'의 용례로 '매일같이 지하철을 타다'를 추가할 수 있겠군.
> ③ '같이'와 '같이하다'의 표제어 및 뜻풀이를 보니, '같이하다'는 '같이'에 '하다'가 결합한 <u>복합어</u>로군.
> ④ '같이하다'의 문형 정보 및 용례를 보니, '같이하다'는 <u>두 자리 서술어</u>로도 쓰일 수 있고, <u>세 자리 서술어</u>로도 쓰일 수 있군.
> ⑤ '같이하다'의 뜻풀이와 용례를 보니, '평생을 같이한 부부'의 '같이한'은 '함께한'으로 교체하여 쓸 수 있겠군.

[출처: 한국 교육과정 평가원, 2016학년도 수능 국어 B형]

우선 〈그림-1〉에 주목해주세요! 한국어의 발음법에 관한 지문입니다. 이렇게 발음법과 같은 범위가 매우 넓고 예외 사례가 많은 경우에는 이걸 하나하나 외우는 건 시간낭비입니다. 그도 그럴 것이 이렇게 문제에서도 친절하게 개념을 〈보기〉로 제시해 주기 때문이죠.

이번에는 〈그림-2〉에 주목해볼까요? 특히 밑줄 친 부분을 잘 보면 모두 국어 문법에서 중요하게 다뤄지는 용어들입니다. 하지만 이 문제에서는 저 용어들에 대한 설명이 없습니다. 즉, 이 문제의 출제자는 '그래도 대학에 들어가려는 대한민국 고등학생이라면 이 정도는 알아야 하지 않을까?'라고 생각하시는 거죠.

결론적으로 학생들이 외워야 하는 개념은 〈그림-2〉에서 표시된 것처럼 문제에서 따로 설명해주지 않는 용어들입니다. 이러한 용어들은 '독서와 문법' 교과서나 학생 개인이 따로 공부하는 문법책을 참고해서 꼭 정리를 해두고 외워주셔야 합니다. 반대로 〈그림-1〉에서 나온 것처럼, 문제에서 따로 〈보기〉로 주어지는 문법 이론은 굳이 외우실 필요까진 없다는 거죠.

 꿀팁!!! **문법 지식을 오랫동안 기억하는 법은?**

방대하고 헷갈리는 국어 문법을 좀 더 오랫동안 확실하게 기억하는 방법이 있을까요? 물론 기억법이야 사람마다 본인에게 잘 맞는 방법이 있겠지만 처음이라 감이 잘 안 잡힌다면 이렇게 해보는 게 어떨까요?

문법책의 특징이라면, 어떤 내용이 나오고 그 내용에 대한 실제 사례가 같이 제시됩니다. 예를 들어 '비음화'라는 내용을 공부하면 반드시 [국물 – 궁물] 같이 실제 사례를 보여주는데요, 이런 사례들을 그냥 읽고 '아하~' 하고 넘어가지 마시고 직접 따라 써보는 건 어떨까요? 수학 문제도 눈으로 푸는 것보단 손으로 풀어보는 것이 더 정확하고 오래 남듯이 국어도 눈으로만 읽지 말고 손으로 써가면서 익혀 가는 것이 더 오래 기억나고 자신만의 기억법도 만들 수 있는 것 같습니다.

국어

국어 문학이 취약하다면?

1. [보기]를 이용해 작품을 해석하고 이해한다.

2. 줄거리 요약을 집중해서 읽는다.

3. 인물 간의 관계를 파악해야 한다. 가족 계보 등을 대략적으로 그려 본다.

4. 단어가 긍정적인지 부정적인지를 대략적으로 파악한다.

문학 같은 경우 보통 갈래별로 문제가 출제됩니다. 현대시, 고전시, 현대소설, 고전소설, 연극 대본, 수필 정도로 정리할 수 있습니다. 각각의 장르에 대한 이해도가 문학 점수를 좌지우지한다고 해도 과언이 아니죠. 하지만 이 책에선 각 갈래마다 적용되는 공략법보다 '문학'에 보편적으로 적용되는 공부법을 소개해보려고 합니다.

아마 국어, 그중에 특히 '문학' 파트를 싫어하시는 분들이 많이 하는 말입니다. 결론부터 말하자면 문학은 주관적입니다. 같은 시를 읽고도 어떤 사람은 슬픔을 느끼고 어떤 사람은 재미를 느낄 수 있습니다. 문학 작품을 감상하는 방법은 사람마다 천차만별이고 주관적일 수밖에 없습니다. 객관적이고 사실적인 정보를 전달하는 독서 지문과는 대조적이죠. 그래서 문학 작품을 '꼭 이렇게 감상해야 한다!'라고 말할 수는 없습니다. 그럼 어떻게 수능에서는 문학을 주제로 정답이 존재하는 문제를 만드는 걸까요?

> **45.** <보기>를 참고하여, (가)와 (나)를 감상한 학생들의 반응으로 적절하지 <u>않은</u> 것은? [3점]
>
> <보 기>
>
> <u>고향을 떠난 사람들</u>이 고향을 각박하고 차가운 현실과 대비되는 공간으로 인식하고, 그곳으로 복귀하려는 것을 귀향 의식이라고 한다. 이때 고향은 공동체의 인정과 가족애가 살아 있는 따뜻한 공간으로 표상된다. 이들의 기억 속에서 고향은 평화로운 이상적 공간으로 남아 있기도 하다. <u>그러나 고향으로 돌아가더라도 고향이 변해 있거나 고향이 고향처럼 느껴지지 않을 때 귀향은 미완의 형태로 남게 된다.</u>

[출처: 한국 교육과정 평가원, 2015학년도 수능 국어 B형]

문학은 정답이 없지만 [보기]가 제시된 문학은 정답이 있을 수 있습니다. 제가 예시로 든 보기를 보시면 '고향'이라는 키워드에 주목하고 있습니다. 즉, 이 [보기]를 보고 두 시에서 고향이라는 시어에 주목하라는 의미이죠. 그리고 고향 하면 보통, 그립고 따뜻하고 정겨운 듯한 긍정적 느낌이 들지만 [보기]에선 독특하게도 '고향이 고향처럼 느껴지지 않을 때'에 대한 설명을 해주면서 고향이 부정적인 시어로도 쓰일 수 있음을 보여줍니다. 즉, 평소에 잘 생각하지 않은 방향으로 생각해보라는 메시지인 셈이죠. 가끔 [보기]를 무시한 채 문제를 푸는 학생들이 있는데, 그런 학생들은 하나같이 나중에 이런 말을 합니다.

"아니 고향이면 당연히 긍정적인 의미라고 생각하지, 어떻게 부정적인 시어로 볼 수 있냐? 이건 억지다."라고 말이죠. 하지만 [보기]에서 이미 힌트를 주고 있기 때문에 사고의 방향을 [보기]에 맞춰야 합니다. [보기]가 제시되지 않았다면 복수정답 논란에 휩싸일 수 있겠지만 [보기]에서 시를 해석하는 방향을 제시해주었기 때문에 정답이 존재할 수 있는 겁니다.

_ 소설이 너무 길고 복잡해요

많은 친구들이 문학 중에서도 특히 소설을 어려워합니다. 아마도 '길이'의 압박 때문일 듯합니다. 우선 수능에 제시문으로 나오는 소설의 분량은 실로 어마어마합니다. 수능 시험지의 한 면 전체를 지문으로 덮어버리는 수준이죠. 이걸 하나하나 분석하는 건 매우 힘든 일이거니와 시간낭비입니다. 우리의 목적은 소설을 깊이 있게 연구하는 게 아니라 큰 흐름을 파악해서 문제를 푸는 것임을 꼭 명심해야 합니다. 소설을 좀 더 쉽고 빠르게 파악하는 방법을 몇 가지 소개해 보려 합니다.

[앞부분의 줄거리] 화랑도를 숭상하는 '유종'과 당나라를 숭상하는 '금지'는 내심 서로 못마땅해한다. 이런 가운데 '금지'는 아들 '금성'과 '유종'의 딸 '주만'과의 혼사를 진행하려 한다.

[중략 부분의 줄거리] '유종'이 사위를 구하는 가운데, '주만'이 부여의 천민 석공 '아사달'을 사모하고 있음이 알려진다. 한편 '아사달'은 자신을 찾아온 아내 '아사녀'가 끝내 자신을 만나지 못하고 그림자못에서 죽은 사실을 알게 되자, 그 못 둑에서 '아사녀'를 그리워하는 마음을 돌에 담아 새겨 내는 작업에 몰입한다.

[출처: 한국 교육과정 평가원, 2015학년도 수능 국어 B형]

소설 문제 같은 경우 시와 달리 원본의 길이가 매우 길다 보니 수능 시험지에 소설 전체를 실을 수가 없습니다. 그래서 어쩔 수 없이 중요한 부분만 따로 떼어내어 문제로 출제하는데 이 과정에서 문제가 발생하지요. 앞뒤 다 잘라먹고 중간만 덩그러니 제시하자니 학생들이 소설 내용을 파악하기가 매우 힘들어진다는 겁니다. 그래서 출제진들이 생각한 방법은 누락된 부분의 줄거리를 요약해서 제시하는 것입니다. 앞서 독서 파트 공부법에서 말했듯이 '요약'이라는 건 결국 핵심적인 부분만 간추려서 짧게 만드는 겁니다. 즉, 요약을 읽으면 작품의 핵심적인 내용을 파악할 수 있다는 말이죠. 하지만 많은 학생들이 이 [요약]을 놓쳐서 긴 글 속에서 헤매는 경우가 많더군요.

> 아사달의 머리는 점점 어지러워졌다. 아사녀와 주만의 환영도 흔들린다. 휘술레를 돌리듯 핑핑 돌다가 소용돌이치는 물결 속에서 조각조각 부서지는 달그림자가 이내 한 곳으로 합하듯이, 두 환영은 마침내 하나로 어우러지고 말았다. 아사달의 캄캄하던 머릿속도 갑자기 환하게 밝아졌다. 하나로 녹아들어 버린 아사녀와 주만의 두 얼굴은 다시금 거룩한 부처님의 모양으로 변하였다.

[출처: 한국 교육과정 평가원, 2015학년도 수능 국어 B형]

　'소설에서 가장 중요한 게 뭔가요?'라고 묻는다면 저는 아마도 '인물'이라고 대답할 겁니다. 소설의 줄거리란 게 결국 인물들끼리의 관계와 갈등을 통해서 진행되기 때문이죠. 게다가 소설 속 등장인물의 수가 많아질수록 작품이 복잡해지고 문제 풀기가 까다로워지게 되는데, 인물을 중심으로 소설을 읽다보면 보다 수월하게 문제에 접근할 수 있습니다. 저 같은 경우 소설을 읽을 때는 인물이 나올 때마다 동그라미를 쳐서 표시를 해둡니다. 그래야 어떤 인물이 어떠한 행동을 했는지 더 빠르게 파악할 수 있기 때문이죠. 게다가 수능 소설 지문에는 항상 인물과 관련된 문제가 1문제씩은 출제된다는 사실을 아시는지요?

　〈그림-1〉을 먼저 보시면 겉보기에는 소설의 전반적인 특징을 묻는 문제 같지만, 선지들을 보시면 하나같이 인물에 관해 이야기한다는 것을 알 수 있습니다. 인물 중심으로 소설을 읽었다면 쉽게 해결할 수 있겠지요?

〈그림 – 1〉

38. 윗글에 대한 설명으로 가장 적절한 것은?

① 인물의 의식이 내적 갈등에 초점을 둔 서술 방식을 통해 드러나고 있다.

② 인물들 간의 대화를 통해 특정 인물의 생각과 행동을 희화화하고 있다.

③ 미래에 대한 낙관적 전망이 신분이 낮은 인물의 발언을 통해 제시되고 있다.

④ 물신주의에 빠진 세태가 탈속적 세계를 지향하는 인물의 비판을 통해 제시되고 있다.

⑤ 권력과 사랑을 동시에 쟁취하여 신분 상승을 도모하는 소외된 개인의 욕망이 구체적인 일화를 통해 드러나고 있다.

〈그림 – 2〉

37. 윗글에 대한 이해로 가장 적절한 것은?

① 별주부가 호랑이 앞에서 고기 값이나 하겠다는 것은 죽음을 각오하고 상대에 맞서겠다는 의지를 드러낸 것이다.

② 호랑이가 별주부의 외양에서 떠올린 갑주와 방망이 총은 상대와 맞설 의지를 갖게 하는 것이다.

③ 호랑이가 바위틈에서 자기 재주를 장담하는 것은 패배를 설욕하려는 의지를 다지는 것이다.

④ 토끼가 낌새를 보아 떠나라는 말을 떠올리고 즉시 가야겠다고 생각하는 것은 용왕의 믿음을 저버릴 수 없다는 의지 때문이다.

⑤ 별주부가 부인이 대신 죽게 된 것을 자신의 경솔한 말과 음해 때문이라고 하는 것은 아내가 아니라 자신이 죽겠다는 의지를 가지고 있기 때문이다.

[출처: 한국 교육과정 평가원, 2015 / 2016학년도 수능 국어 B형]

　　〈그림-2〉는 아예 대놓고 인물들에 관해 물어보고 있습니다. 역시 인물을 위주로 소설을 읽었다면 가볍게 풀어버릴 수 있는 문제지요. 만약 인물을 등한시했다면? 저 1문제 때문에 그 긴 소설을 처음부터 다시 읽는 사태가 벌어질지도 모릅니다. 제가 예시로 든 2문제를 포함해 수능에서는 매년 소설 속 인물에 대해서 물어봅니다. 소설에 특히 약하다면 인물에 포커스를 맞춰 보는 것도 좋은 방법일 듯합니다.

꿀팁!!! 고전 소설은 족보를 그려보자!

무슨 조상 알아보는 것도 아니고 뜬금없이 '족보' 얘기를 꺼내는 거지? 하고 의문을 갖는 분들이 계실 겁니다. 하지만 소설, 특히 고전 소설에서 인물들 사이의 관계를 파악할 때 족보만큼 유용한 게 없습니다. 가령, 다음 부분을 읽고 족보를 만들어볼까요?

[앞부분의 줄거리] 화랑도를 숭상하는 '유종'과 당나라를 숭상하는 '금지'는 내심 서로 못마땅해한다. 이런 가운데 '금지'는 아들 '금성'과 '유종'의 딸 '주만'과의 혼사를 진행하려 한다.

만약 그냥 읽으면 '금지'는 누구고 '금성'은 또 누구야? 하면서 헷갈릴 가능성이 큽니다. 그런 사태를 막으려면 다음과 같이 족보 (가계도)를 그려보는 것이 효과적입니다.

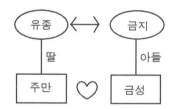

단순하고 허접한 족보지만 의외로 인물들 사이의 관계가 한 눈에 파악되지요? 특히 고전 소설 같은 경우, 여성 인물은 이름 대신 성씨로만 불리는 일이 굉장히 많기 때문에 글을 읽다 보면 김 씨는 누구의 아내고 박 씨는 누구의 아내지? 하면서 헷갈려하는 상황이 자주 벌어집니다. 그럴 때도 족보를 간단하게 그려주면 한 눈에 인물들 사이의 관계를 파악할 수 있죠. 위의 그림은 저의 경우이고 독자님들만의 방식으로 그려보시기 바랍니다.

　슬프게도 수능 국어 시험에는 매년 수험생들에게 생소한 작품들이 출제됩니다. 이런 작품들은 EBS에도 없고 기출에서도 볼 수 없었던 작품이기에 수험생들을 힘들에게 하는데요, 제가 본 2016학년도 수능에서도 어김없이 낯선 작품이 등장했습니다. 태어나서 처음 보는 시를 어떻게 분석해야 할까요? 분석 방법에는 여러 가지 있겠지만 제가 추천해 드리는 방법을 몇 가지 소개해보려 합니다.

[제목/긍정적/부정적 시어 체크]

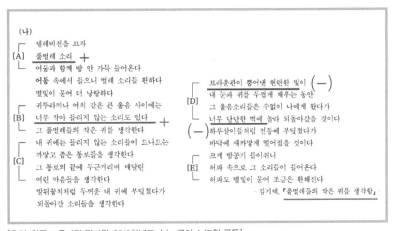

[출처: 한국 교육과정 평가원, 2016학년도 수능 국어 A/B형 공통]

　위에 제시된 시는 제가 본 2016학년도 수능에서 A/B 공통으로 출제된 시입니다. 문제는 이 시가 저를 포함한 대다수의 학생들에게 매우 낯설었다는 건데요, 일단 EBS에서 없고 기출문제에도 등장하지 않았던 작품입니다. 이런 시를 만나면 어떻게 대처해야 할까요?

우선 시의 제목을 살펴봅니다. '풀벌레의 작은 귀를 생각함'……일단 풀벌레라는 키워드가 보입니다. 학생들이 급한 마음에 시의 제목을 놓치는 경우가 많은데요, 제목은 작품을 압축적으로 표현해주기 때문에 중요한 힌트라고 할 수 있습니다.

그 다음으로 시에서 긍정적 시어와 부정적 시어를 찾아봐야 합니다. 저 같은 경우 긍정적 시어에는 플러스(+) 기호를 붙이고 부정적 시어에는 마이너스(-) 기호를 붙입니다. 우선 제목을 보고 풀벌레와 관련된 시어는 긍정적인 느낌을 준다는 걸 알 수 있고, 반대로 풀벌레와 대비되는 시어들이 부정적 느낌을 준다는 걸 파악할 수 있습니다. 수능은 여러분들에게 시에 대한 깊이 있는 분석을 요구하지 않습니다. 그런 건 국문학과 대학생들이 하는 거고 여러분들이 수능 시험장에서 할 일은 시를 보고 대략적인 분위기나 정서를 파악하는 겁니다.

45. (나)의 [A]~[E]에 대한 감상으로 적절하지 (않은) 것은?

① [A]에서 화자는 '텔레비전'을 끈 후 평소 관심을 두지 못했던 '풀벌레 소리'를 지각하고 있어.

② [B]에서 화자는 '큰 울음'뿐만 아니라 '들리지 않는 소리'도 존재한다는 것을 알게 됨으로써 화자의 인식 범위가 확장되고 있어.

③ [C]에서 화자는 '들리지 않는 소리'의 주체들이 화자 자신 때문에 서로 소통할 수 없게 된 것에 대해 미안함을 느끼고 있어.

④ [D]에서 화자는 자신이 의식하지 못했던 '그 울음소리들'을 떠올리며, 그 소리를 간과했던 삶을 성찰하고 있어.

⑤ [E]에서 화자는 '그 소리들'을 귀로만 듣지 않고 내면 깊숙이 받아들이고 있는 자신의 모습을 확인하고 있어.

[출처: 한국 교육과정 평가원, 2016학년도 수능 국어 A/B형 공통]

처음 보는 시를 분석하기 위해서는 수단과 방법을 가려서는 안 됩니다. 시를 분석하려면 시 자체뿐 아니라 시에 관련된 문제까지도 이용할 수 있습니다. 특히, 위와 같이 '적절하지 않은 것'을 고르는 문제는 낯선 작품을 분석하는 유용한 도구가 될 수 있습니다. 왜냐하면 ①부터 ⑤까지 5개의 보기 중 옳지 않은 것은 1개입니다. 즉, 나머지 4개는 옳다는 것이죠. 이걸 이용하면 문제를 일종의 [보기]로서 활용이 가능합니다.

> ─────〈보 기〉─────
>
> 　김수영은 한때 자유를 이상으로 내세우면서 생활인으로서의
> 자신을 뛰어넘으려고 했고, 오규원은 '순례' 연작시에서 생성과
> 변화를 중시하면서 사물에 대한 고정된 인식이나 관념에서
> 탈피하려고 했다. 오규원에게는 그것이 자유를 추구하는
> 일이었다. 이와 관련하여 김수영은 위대성에 주목하면서
> 대상의 숭고한 면이나 뛰어난 점을 발견하려 했고, 오규원은
> 구체적 언어에 주목하여 대상의 동적 이미지와 몸의 이미지를
> 포착하려 했다.

[출처: 한국 교육과정 평가원, 2013학년도 수능 언어]

　낯선 작품이 나오면 학생들의 해석이 다양해질 수밖에 없습니다. 그러면 문제에 대한 답도 여러 가지로 갈릴 가능성이 있고 이는 복수정답 논란에 휩싸일 소지가 있죠. 그걸 방지하기 위해 수능 출제진들은 낯선 작품에 대해 해석의 방향을 제시해줍니다. 가장 대표적인 게 바로 [보기]라고 할 수 있죠. [보기]에서 제시된 키워드, 방향성 위주로 낯선 작품을 분석하시기 바랍니다.

국어

국어 EBS는
어떻게 공부해야 할까요?

1. 실제로 EBS 연계 효과는 그다지 크지 않다.

2. 그나마 체감 연계율이 높은 문학, 문법을 주의해서 공부한다.

국어의 경우 EBS에서 70% 연계가 된다고는 하지만 실제로 체감할 수 있는 연계율은 70% 미만입니다. 저는 개인적으로 체감 연계율은 한 30~40%인 것 같네요. 일단 명심해야 할 것은 EBS에 나온 지문을 암기한다고 해서 큰 도움을 받진 못한다는 점이죠. 영어는 EBS에 나온 지문이 그대로 / 약간 변형돼서 수능에 출제되지만 국어는 연계된 건지 안 된 건지 거의 구분이 안 가도록 출제됩니다. EBS 지문에 나온 몇몇 '단어'가 수능에 출제되면 그걸 연계라고 발표합니다. 하지만 그 긴 지문 중에 고작 단어 몇 개가 연계된다고 문제풀이에 크게 도움이 될까요?

그나마 EBS의 덕을 볼 수 있는 부분은 '문학' 파트라고 할 수 있습니다. 짧은 '시' 같은 경우 수능에도 그대로 출제되는 편이며 긴 '소설'이나 '극' 같은 경우 비록 EBS에 수록되지 않은 부분에서 출제된다 할지라도 대강의 줄거리와 등장인물을 파악해 두었다면 훨씬 쉽게 작품을 받아들일 수 있죠. EBS에서 학생들이 중요하게 여겨야 할 부분을 표로 나타내 보면 다음과 같습니다.

중요도 순위	영역	이유
1	문학	가장 체감 연계율이 높은 영역입니다. 수능에도 그대로 출제되는 시는 말할 것도 없으며 소설이나 시나리오도 대강의 줄거리를 파악하면 수능에서 큰 도움이 됩니다
2	문법	문법에서는 정확한 암기와 문제풀이가 중요합니다. EBS교재에 실린 문법문제를 풀면서 부족하거나 놓쳤던 내용을 완벽하게 잡아주셔야 합니다.
3	독서	연계는 기대하지 않는 것이 좋습니다. 그저 '독서 실력을 기르기 위한 문제' 정도로 생각하는 게 마음 편합니다. 지문에서 모르는 어휘나 표현들을 정리해서 자신의 것으로 만들기 바랍니다.
4	화법/작문	연계는 기대하지 않는 것이 좋으며 대부분의 학생들이 큰 어려움을 느끼는 파트가 아니기에 중요도를 꼴찌로 매겼습니다.

물론 위의 표는 제 개인적인 경험으로 작성된 것으로 어디까지나 참고용입니다.

수학 선행학습을
꼭 해야 할까요?

수학 같은 경우 대부분의 학생들이 싫어하는 과목이죠. 일단 과목 자체가 어렵고 성적을 올리려면 다른 과목보다 더 시간이 필요하죠. 게다가 '읽고 푸는' 국어/영에 비해 직접 식을 세우고 계산해야 하기 때문에 더 까다롭다고 할 수 있죠. 심지어 시험시간도 수능 6과목 중 가장 깁니다. (국어: 80분 / 영어: 70분 / 한국사, 사회, 과학탐구: 각각 30분 / 수학: 100분!)

상황이 이렇다 보니 수학 때문에 입시가 힘들다고 생각하는 학생들이 아주 많죠. 오죽하면 '수포자'라는 말까지 나왔을까요? 국포자, 영포자, 탐포자라는 용어는 못 들어봤는데 말이죠. 나름 수학을 전공하기로 마음먹은 학생으로서 수학에 어려움을 느끼는 분들을 위한 팁들을 정리해보려 합니다.

저 같은 경우엔 수학 예습으로 득을 많이 본 케이스입니다. 일단 예습의 장점을 말씀드리자면 학교 수업시간을 '복습'으로 활용할 수 있다는 건데요. 흔히들 '예습할 시간도 없는데 복습은 언제 하나?'라고 말씀하시는데 예습이 제대로 되어 있으면 정규 수업시간과 중간/기말고사 공부로 복습이 가능합니다. 즉, 따로 복습 시간을 마련하지 않아도 자동으로 복습이 가능해지는 거죠. 저 같은 경우엔 한 학기 정도를 미리 선행 학습해서 정규 수업을 복습 삼아 공부했습니다. 확실히 시간이 절약되고 보다 효율적으로 공부할 수 있는 듯합니다.

그렇다면 선행학습은 필수일까요? 이런 말씀드리기가 참 죄송하지만 우리나라 교육 현실상 선행학습은 필수입니다. 사실 이건 우리나라 입시 현실과 교육과정 사이의 괴리가 있기 때문입니다. 우선 수능 수학 범위를 한 번 살펴볼까요?

계열구분	수능 시험 범위
문과	① 수학II 전 범위 ② 미적분 I 전 범위 ③ 확률과 통계 전 범위
이과	① 미적분II 전 범위 ② 기하와 벡터 전 범위 ③ 확률과 통계 전 범위

현실적으로 수능 수학 진도를 적어도 고2 겨울방학(2월)까지는 끝내야 합니다. 그래야 남은 고등학교 3학년 3월부터 11월 수능 시험 당일까지의 약 8개월 반 정도를 문제풀이에 투자할 수 있습니다. 하지만 우리나라 교육과정대로 따라가 본다면 어떨까요?

구분		과목	3월 학평 (서울)	4월 학평 (경기)	6월 모평 (평가원)	7월 학평 (인천)	9월 모평 (평가원)
수학	가형 (이과)	미적분II	전 범위				
		확률과 통계	순열과 조합	확률	확률	확률분포	전 범위
		기하와 벡터	출제X	평면곡선	평면벡터	공간도형	전 범위
	나형 (문과)	수학II	전 범위				
		미적분I	수열의 극한	함수의 극한, 연속	다항함수 미분	전 범위	
		확률과 통계	출제X	순열과 조합	확률	확률분포	전 범위

이 표는 수능을 보기 전에 치러지는 '모의고사' 범위 표입니다. 보면 아시겠지만 9월 모의평가나 돼야지 전 과목 시험을 봅니다. 즉, 수능과 똑같은 범위로 시험을 보는 건 9월부터라는 얘기죠. 즉, 정규 교육과정에 맞게 진행하면 9월이 돼야 고등학교 진도가 끝나는 겁니다. 하지만 9월에 진도를 끝내고 고작 2개월간 연습해서 수능 수학을 잘 볼 수 있을까요? 아마 거의 불가능할 겁니다.

그렇다면 정규 교육과정과 입시 현실이 왜 이렇게 차이가 날까요? 정규 교육과정은 말 그대로 대한민국의 '모든 고등학생'을 대상으로 한 것이지 '상위권 고등학생'만을 대상으로 한 것이 아니기 때문입니다. 비율상 대한민국 고등학생의 평균 수능 등급은 4~5등급입니다. 그 등급에 가장 많은 인원이 포진되어 있죠. 즉, 모의고사 진도표에 맞게 공부하면 4~5등급을 받는 데에는 크게 어려움이 없습니다. 하지만 이 책을 읽고 계신 독자들이 과연 4~5등급을 원할까요? 전 아니라고 생각합니다. 만약 본인 또는 본인의 자녀가 4~5등급만 받아도 별 상관이 없다면 당장 이 책은 여러분들에게 가장 쓸모없는 책이 될 겁니다.

수능 수학에서 1~2등급을 받으려면 일단 수능 수학 범위를 모두 배워야 합니다. 그리고 수학 개념에 대한 완벽한 이해와 암기가 필요합니다. 그렇지만 수능 수학에 있어서는 개념 이해/암기와 더불어 문제풀이 연습이 꼭 필요합니다. 수능/모의고사 기출문제를 풀면서 어떠한 유형의 문제가 출제되는지, 어떻게 개념이 응용되는지를 익혀야 합니다. 제 생각에 수능 수학에서 1~2등급을 받으려면 문제풀이 연습은 적어도 6개월 이상을 해줘야 한다고 생각합니다. 그렇기에 안타깝지만 정규 교육과정 진도보다 5~6 개월 정도의 선행학습은 필수라고 생각합니다. 그렇다면 선행학습을 할 때 어떻게 해야 할까요? 선행학습에도 몇 가지 팁들이 있습니다.

_ 한 번 봤는데 자꾸 까먹어요

선행학습에 관해 많이 하는 질문 중 하나입니다. 일단 예습을 하긴 했는데 나중에 보면 머릿속에 남는 게 없다고 하는 분들이 많아요. 하지만 그건 전혀 걱정할 사항이 아닙니다. 사람이 한 번 배운 걸 까먹는 건 당연한 겁니다. 만약 한 번에 모든 걸 기억한다면 공부를 왜 하나요? 그냥 책 한 번 쓱 훑어보고 100점 맞으면 되지요. 하지만 현실적으로 그게 불가능하기 때문에 공부, 특히 복습이 필요한 겁니다. 선행 학습하는 학생들이 흔히 하는 생각이 '한 번 할 때 제대로 해서 개념을 완벽하게 끝내자!'인데요 사실 매우 안 좋은 생각입니다. 여기에는 '복습하기 귀찮다'라는 생각이 밑바탕에 깔려있다고 할 수 있죠. '한 번에! 제대로!'를 외치지만 막상 해보면 그게 어렵다는 걸 깨닫고 포기하는 학생들이 많습니다.

전 개인적으로 선행학습으로 그 과목의 모든 걸 배우겠다는 생각은 좀 버렸으면 합니다. 수학에 대한 이해도는 책을 여러 번, 오랫동안 보고 문제를 많이 풀수록 점점 늘어가는 겁니다. 심지어 대학교에 들어온 저도 고등학교 책을 보면 전에는 안 보였던 것들이 보일 때가 종종 있습니다. 한 번에 모든 걸 잡으려다가 결과적으로 다 놓치는 일이 빈번한 건 수학 공부에 있어서도 마찬가지입니다. 기껏 공부한 게 기억에 안 남는다고 짜증내지 말고 인내심을 가지고 꾸준히 복습해서 내 것으로 만드는 자세가 필요하다고 할 수 있죠.

그래도 이왕 공부한 거 더 오랫동안 기억하는 방법은 없을까요? 제가 생각하는 최고의 방법은 '자신만의 표시'를 남기는 것입니다. 공책에다가 예쁘게 필기할 것 까진 없고 그저 책에다 밑줄을 긋거나 동그라미 치는 것으로도 공부한 내용이 기억에 오래 남고 나중에 복습할 때에도 훨씬 효과적입니다. 가끔 책을 더럽히는 것이 싫어서 머릿속에만 담아두려는 학생들이 있는데, 조금 위험한 방법입니다. 사람 두뇌의 성능은 그렇기 믿음직스럽지 못하거든요.

'옆집 사는 철수는 벌써 수학 진도 끝냈다는데……', '엄마 친구 딸 영희는 벌써 미적분 끝냈다더라……' 뭔가 이 말들이 공감되시나요? 대부분의 학생들에게 선행학습을 하는 이유를 물어보면 '빨리 진도를 끝내야 문제풀이 연습을 많이 할 수 있잖아요.' 보다는 '다른 애들이 다 하니까 불안해서요.' 가 더 많습니다. 아마 학부모님들도 공감하실 거예요. 다른 아이들이 다 선행학습을 하니까 우리 아이만 안 하면 뭔가 뒤처지고 큰일 날 것 같은 불안감을 느끼실 겁니다.

불안감을 느끼는 것 자체는 큰 문제가 아니지만 단지 불안해서 아직 준비가 안 된 아이에게 무리한 선행학습을 시키면 그때부터 문제가 생기게 됩니다. 수학 선행학습을 하려면 일단 그 전 단계 과목에 대한 이해도가 충분히 높아야 합니다. 예를 들어 수학Ⅱ를 예습하고 싶다면 먼저 수학Ⅰ에 대한 높은 이해도가 뒷받침되어야 합니다. 그래서 선행학습을 하려면 일단 그 전 과목에 대해 충분히 이해하고 있는지 스스로 점검을 해봐야 합니다. 헷갈리거나 정확하게 모르는 개념은 없는지 확인이 필요한 거죠.

_ 교재는 뭐로 하죠?

솔직히 말씀드리면 선행학습에 있어서 교재는 크게 중요하지 않습니다. 일단 선행학습 한 번으로 책의 모든 내용을 배울 수 없고 중요하고 핵심적인 부분을 주로 공부하게 되는데, 시중에 나온 대부분의 책을 보면 중요한 부분에 대한 서술은 거의 동일한 경우가 많습니다. 즉, 내용적인 측면에서 볼 때 시중에 나온 교재들 사이에는 큰 차이가 없습니다. 그렇다면 서점에서 아무 책이나 막 사서 공부하면 될까요? 많은 분들이 책을 고를 때 내용물만 중요시하는데 제 생각엔 책의 내용뿐 아니라 책의 크기, 무게, 질감, 디자인 등을 종합적으로 고려하는 게 좋다고 생각합니다. 특히 선행학습의 경우 누가 강제로 시키는 것이 아니라 여러분이 직접 선택해서 하시는 만큼 여러분 취향에 맞는 책을 직접 골라야 합니다. 책을 여기저기 들고 다니면서 공부할 거면 가벼운 책이 좋겠지요. 눈이 쉽게 피로해진다면 흑백, 단색으로 된 책보다는 여러 가지 색으로 된 컬러풀한 책이 좋을 겁니다. 필기를 많이 하는 학생한테는 필기하기 좋은 종이를 쓴 책이 적합하겠죠? 이렇게 학생 스스로 자신의 공부 습관, 환경에 맞게 책을 골라야 합니다.

책의 종합적인 요소와 함께 많은 분들이 간과하시는 것이 바로 '해설지'입니다. 선행학습의 경우 그 과목을 난생 처음 접해보는 경우가 대다수이지요. 그렇기에 공부하다가 이해가 잘 안 되거나 질문이 생기는 경우가 많습니다. 학원에 다니거나 과외를 하는 친구들은 선생님에게 물어볼 수 있지만 혼자서 독학하는 친구나 인터넷 강의(인강)로 공부하는 친구들은 마땅히 물어볼 곳이 없을 겁니다. 그리고 따로 선생님이 있더라도 모르는 게 있다고 밤 12시에 선생님에게 연락하기는 좀 힘들겠죠? 처음 공부하는 만큼 해설지가 얼마나 자세하고 풍부한지 꼭 살펴봐야 합니다. 가끔 가다 보면 몇몇 문제에 대한 해설을 빠뜨리고 문제 풀이과정을 심하게 축약시켜서 혼자 공부하기 힘든 교재들이 있는데 그런 책들은 선생 학습할 때는 매우 안 좋습니다. 꼭 교재를 선택하기 전에 해설지를 확인해보시기 바랍니다.

꿀팁!!! 교재 평을 훑어보자!

인터파크나 Yes24 같은 온라인 서점에서 책을 검색하면 그 책에 대한 서평을 같이 볼 수 있습니다. 어떤 책을 선택해야 할지 망설이신다면 온라인 서점에서 남들이 남겨놓은 댓글이나 서평, 리뷰 글들을 읽어보시기 바랍니다. 책에 대한 전체적인 느낌을 파악할 수 있습니다.

또한 네이버, 다음 같은 포털 사이트에 교재 이름을 검색하면 그 교재에 대한 여러 후기를 찾을 수 있습니다. 책의 디자인부터 책의 난이도까지 다양한 정보를 얻을 수 있으니 책을 선뜻 결정하지 못 하겠다면 대형 포털 사이트를 이용해 보는 것도 좋습니다.

_ 인강을 들을까요?

처음 수학을 공부하면 낯선 용어와 기호, 어려워 보이는 문제들 때문에 힘들 수 있습니다. 이때 혼자서 책의 내용이 잘 이해가 안 된다면 인터넷 강의(인강)의 도움을 받는 것도 좋은 방법입니다. 요즘은 EBS 무료 강의뿐 아니라 다양한 사설 강의도 많이 존재하니까 혼자서 공부하는 게 힘들고 부담스럽다면 한 번 이용해 보는 것도 좋습니다. 하지만 인강을 들으면서 공부할 때에는 몇 가지 유의사항이 있습니다.

인강을 듣기 전에는 예습해주는 것이 효과적입니다. 여기서 말하는 예습이라는 건 거창한 것이 아니고 그저 배울 부분을 미리 한 번 쓱 훑어보기만 해도 충분합니다. 일단 어떠한 것들을 배우는지 대충 파악한 뒤 한 번만 봐도 잘 이해되는 쉬운 내용과 한 번만 봐서는 잘 이해가 안 가는 어려운 내용을 구분해야 놔야 합니다. 그러면 인강을 들을 때 어느 부분에 더 집중해야 하는지 감을 잡을 수 있죠.

언제나 필기할 준비를 해줘야 합니다. 가끔 가다가 인강을 팔짱 끼고 마치 영화나 드라마 보듯이 '감상'하는 친구들이 있는데 별로 좋지 못한 태도라 할 수 있죠. 우리는 인강을 보고 공부를 하는 거지 선생님이 뭐하시는지 구경하는 게 아니잖아요? 선생님이 직접 자신 앞에서 강의를 한다는 마음으로 어느 정도 긴장상태를 유지해야 합니다. 자칫하다간 인강 들다 졸거나 중요한 내용을 놓쳐버릴 수 있어요. 어떻게 아냐고요? 사실 제 경험담이거든요. 인강들을 때 쉰다는 생각보다는 공부한다는 생각을 가지길 바랍니다.

수학 같은 경우 인강에서 선생님이 문제를 풀어주시는 경우가 많습니다. 이때 반드시 문제를 미리미리 혼자 풀어봐야 합니다. 혼자 문제를 풀면서 충분히 고민해야 사고력도 늘고 자신이 어느 부분에 약한지 객관적으로 파악할 수 있습니다. 인강에서 선생님이 문제 푸시는 걸 보면 다 아는 내용이고 자기도 똑같이 풀 수 있을 것 같죠? 하지만 직접 문제를 풀어보면 또 얘기가 달라집니다. 반드시 혼자 문제를 풀고 정 모르겠으면 강의를 듣길 바랍니다.

 꿀팁!!! 사설 강의가 부담스럽다면?

사설 강의 같은 경우 아무래도 강의 가격이 비쌀 수 있습니다. 그러다 보니 학생들이 돈이 아까워서라두 모든 강의를 한 강두 빠짐없이 다 듣지만, 제 생각엔 약간 시간낭비인 것 같습니다. 분명 자신이 잘 모르는 부분은 인강의 도움을 받는 게 현명할 수 있지만 이미 잘 알고 있는 내용까지 반복해서 듣는 건 조금 시간이 아깝다고 생각해요. 그렇다고 모르는 부분만 골라 듣기에는 사설 강의 가격이 부담스러울 수 있어요. 그럴 땐 EBS 무료 강의를 활용하시는 게 좋습니다. 자신이 모르는 부분만 골라서 들을 수 있고 만약 한 번 들어서 잘 모르겠으면 같은 내용에 대해 다양한 선생님의 강좌를 들어보는 게 효과적입니다. 무료라서 부담이 적고 한 강의를 모두 들어야 한다는 강박감이 없죠.

수학 개념이 부족하다면?

수학에서 가장 중요하다고 입이 마르고 닳도록 읊어대는 '개념' 그놈의 개념, 개념이 문제입니다. 그래서 학생들은 자신이 봤던 참고서를 보고 또 봅니다. 근데 이상한 일이 반복됩니다. 분명 참고서를 보면 다 아는 내용이고 다 봤던 내용이죠. 근데 막상 문제를 풀때에는 적용이 잘 안됩니다. 조금만 문제가 꼬이면 틀려서 수학은 재미없어지고 선생님은 자꾸 개념을 보라고 하고 또 참고서를 보지만 내용은 똑같고 문제는 또 틀리고…… 이렇게 다람쥐 쳇바퀴 굴러가듯 반복됩니다. 그러면 '대체 어떻게 개념을 공부해야 하는가?'에 대해서 제가 몇 가지 팁을 알려드리도록 하겠습니다!

수학에는 '정리'라는 것들이 있습니다. 아주 유명한 '피타고라스의 정리'부터 몇 백 년 동안 풀리지 않았던 난제인 '페르마의 대정리'까지 말이죠. 적어도 고등학교까지는 수학을 공부한다는 건 '정리'를 공부하는 거라고 생각하면 됩니다. 그리고 수능은 그 '정리'를 이용해 풀 수 있는 문제를 출제하지요. 그럼 수학의 '정리'란 녀석은 과연 어떻게 생겼을까요? 독자들이 이해하기 쉽도록 '피타고라스 정리'를 예시로 들어보겠습니다.

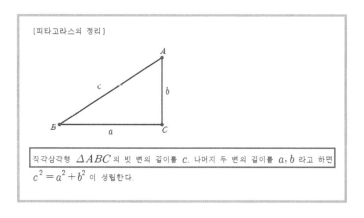

[피타고라스의 정리]

직각삼각형 $\triangle ABC$ 의 빗 변의 길이를 c, 나머지 두 변의 길이를 a, b 라고 하면 $c^2 = a^2 + b^2$ 이 성립한다.

우리에게 아주 익숙한 수학 정리입니다. 빗변의 길이의 제곱은 다른 두 변의 길이의 제곱의 합과 같다는 아주 유명하고 유용한 정리입니다. 이때 정리 결과 자체도 중요하지만, 정리의 조건에 주목하라고 말하고 싶습니다. 그림에서 네모칸 쳐진 부분이 바로 정리의 조건에 해당하는 부분입니다. 즉, $c^2 = a^2 + b^2$이라는 어떤 식이 성립하려면 a, b, c가 직각삼각형 세 변의 길이고 c가 빗변의 길이라는 조건이 필요하다는 거죠. 만약 그 조건이 지켜지지 않으면 $c^2=a^2+b^2$ 이 식을 쓸 수가 없습니다. 피타고라스의 정리를 예로 들으니까 왠지 '저런 걸 누가 몰라?' 하고 태클 걸고 싶은 사람들이 있을 겁니다. 하지만 자신이 '개념이 부족하다'라고 느끼는 친구들 중 대다수는 정리의 성립 조건을 잘 모르는 경우가 많습니다. 특히 조건이 많고 복잡할수록 이러한 현상이 두드러지는데 대표적인 예로 미적분Ⅰ에서 배우는 '롤의 정리'를 들 수 있습니다.

롤의 정리

함수 $f(x)$가 닫힌구간 $[a, b]$에서 연속이고 ①
　　　　　열린구간 (a, b)에서 미분가능하며 ②
　　　　　$f(a)=f(b)$일 때 ③

$f'(c)=0$인 c가 구간 (a, b)에 적어도 하나 존재한다.

　지금 당장 저 정리가 이해가 안 가더라도 별 상관은 없습니다. 단지 설명하기 위해 예시로 든 것일 뿐이니 겁먹지 않으셔도 됩니다. 지금 중요한 건 정리의 내용이 아니라 바로 정리의 조건입니다. 앞서 살펴본 피타고라스의 정리 같은 경우 조건이 하나였지만 롤의 정리는 조건이 무려 세 개나 됩니다. 세 조건 ①, ②, ③을 모두 만족해야 이 정리를 쓸 수 있다는 얘기죠. 달리 말하면 세 조건 ①, ②, ③ 중 단 하나라도 만족하지 않으면 이 정리를 쓸 수 없다는 얘기가 됩니다. 수학 문제를 틀린 학생들이 자주 하는 말이 '왜 이 공식을 쓰면 안 될까?'입니다. 저는 그런 학생들에게 정리의 조건을 제대로 확인하고 썼냐고 묻고 싶네요.

이제 정리의 조건이 중요하다는 건 알겠는데, 그래서 어쩌란 말이냐고요? 일단 조건이 중요하단 걸 인지했다면 1단계는 클리어하신 겁니다. 2단계는 여러분이 자주 헷갈리거나 틀리는 정리를 스스로 파악하는 겁니다. 그리고 그 정리를 조건과 함께 따로 노트에 적는 거지요. 그리고 조건 부분에 형광펜을 칠하든 동그라미를 그리든 여러분 나름대로 표시를 해두는 겁니다. 일종의 '조건노트'를 만드는 거죠. 아니 오답노트 만들기도 바빠 죽겠는데 조건노트는 또 언제 만드느냐? 라고 불만을 토로하시는 분도 계실 겁니다. 하지만 제 생각엔 오답노트를 예쁘게 만들어서 틀린 문제를 외우는 것보단 정리의 조건을 명확히 숙지하는 게 수학 개념을 탄탄히 다지는 근본적인 방법이라고 생각합니다. 자신이 지금 정리를 완벽히 알고 있는지 스스로 테스트를 해보세요. 혹시 정리 자체만 외우고 있진 않는지, 조건 중 한 두 개를 빠뜨리고 있진 않은지 확인해보시기 바랍니다.

_ 역은 성립하지 않는다!

만약 누군가 저에게 수학에서 가장 중요한 말이 뭐에요? 라고 묻는다면 전 망설임 없이 '역은 성립하지 않는다!'라고 외칠 겁니다. 그만큼 이 말은 수학에서 아주 중요한 의미를 가지고 있습니다. 일단 '역'이란 게 뭘까요? 쉽게 말해 어떤 주장을 반대로 뒤집은 겁니

다. 예를 들어 '사람은 동물이다'라는 주장의 역은 '동물은 사람이다'이죠. 몇 가지 예를 더 들어보면,

주장	역
사람은 동물이다.	동물은 사람이다.
4의 배수는 8의 배수다	8의 배수는 4의 배수다
a＝b이면 a＋1＝b＋10다.	a＋1＝b＋10이면 a＝b이다.

첫 번째 주장을 살펴봅시다. 사람은 동물인가요? 당연히 맞는 말입니다. 하지만 그 역을 한 번 볼까요? 동물은 사람인가요? 동물 중에는 호랑이도 있고 개도 있고 아무튼 여러 동물이 있습니다. 사람은 그 수많은 동물 중 극히 일부일 뿐이죠. 따라서 동물은 사람이라는 주장은 옳지 않은 주장입니다. 즉, '사람은 동물이다'라는 첫번째 주장 자체는 '참'이지만 그 역은 '거짓'이 됩니다. 두 번째 주장을 봅시다. 4의 배수는 8의 배수인가요? 조금만 생각해보면 이 주장이 틀렸다는 걸 알 수 있습니다. 12는 분명 4의 배수이지만 8의 배수는 아니죠. 하지만 이 주장의 역인 '8의 배수는 4의 배수다'라는 주장은 참입니다. 원래의 주장이 거짓이어도 그 역이 참이 되는 케이스입니다. 이번엔 세 번째를 봅시다. 어떤 두 수가 같으면 각각에 1을 더해도 그 값이 같겠죠. 당연히 참입니다. 그 역을 보면, 양변에서 1을 빼면 a=b 임을 보일 수 있으므로 '역' 역시 참입니다. 세 번째 케이스는 특이하게도 원래의 주장과 그 역이 모두 참이군요. 여기서 중요한 건 '역'의 참/거짓 여부는 원래 주장의 참/거짓과는 전혀 상관이 없다는 점입니다. 원래의 주장이 참이어도 그 역은 거짓일 수

있고 참일 수도 있습니다. 심지어 원래의 주장이 거짓이어도 그 역은 참일 수도 있습니다. 갑자기 웬 뜬구름 잡는 소린가? 하실 수도 있겠지만 이건 굉장히 중요한 이야기입니다. 왜냐하면 수학 개념이 부족한 학생들은 모든 수학 정리가 세 번째 주장처럼 원래의 주장과 그 역이 모두 참이라고 착각하기 때문입니다.

수학에서 잘못된 개념을 줄이려면 '역은 성립하지 않는 정리'와 '역도 성립하는 정리'를 철저하게 구분해야 합니다. 저 같은 경우엔 처음에 개념을 공부할 때 역이 성립하는지의 여부에다 형광펜으로 표시해서 눈에 띄게 만듭니다.

피타고라스 정리
직각삼각형의 빗변의 길이가 c, 나머지 두 변의 길이가 a, b이면 $a^2+b^2=c^2$이 성립한다. (역이 성립한다.)

삼각형의 합동과 넓이
두 삼각형이 합동이면 넓이가 같다. (단, 역은 성립하지 않는다.)

_ 증명해보기

공식은 정확히 알고 있는데 왜 응용이 안 될까? 하고 고민하는 분들이 많습니다. 분명히 공식 내용은 물론이며 성립 조건까지 빠삭하게 알고 있는데, 왜 고난도 응용문제를 풀려면 자꾸 막힐까요? 수능으로 치면 2점짜리나 쉬운 3점짜리는 잘 풀면서 어려운 3점짜리나 고난도 4점짜리 문제에는 왜 접근을 못할까요? 이런 고민을 가진 분들 중 대다수는 평소에 증명을 소홀히 하셨을 겁니다. 아니, 논술은 그렇다 치더라도 수능에는 증명 문제가 나오지 않는데 굳이 증명을 중요시 할 이유가 있을까 하고 의문을 품을지도 모릅니다. 하지만 이건 고난도 수학 문제가 탄생하는 과정을 잘 모르고 하는 말씀입니다.

수능의 고난도 문제, 소위 말하는 킬러 문제는 그냥 만들어지는 것이 아닙니다. 수학 기출문제를 풀다 보면 가끔가다가 '아니 출제진들은 대체 이런 문제를 어떻게 만드는 걸까?'하고 놀라워할 때가 있죠. 혹시 수학 문제를 직접 만들어보신 분들이라면 아시겠지만 문제를 푸는 것보다 더 어려운 것이 문제를 만드는 겁니다. 아무리 교수님들이라지만 어떻게 그렇게 복잡하면서 논리 정연하게 문제를 만들 수 있는 걸까요? 게다가 제대로 된 킬러 문제는 어려우면서도 독창적인 아이디어가 녹아 있습니다. 단순히 계산이 지저분한 것이 아니라 풀이 방법을 생각하기 어려워서 문제의 난이도가 올라갑니다.

고난도 문제에 들어있는 독특한 아이디어는 갑자기 툭하고 튀어나온 게 아닙니다. 그럼 대체 어디서 나온 걸까요? 바로 '증명'에서 얻어진 아이디어입니다. 증명이란 건 일종의 논리적인 문제 풀이입니다. 쉬운 예시를 들자면, 일차방정식 $2x+4=10$의 해가 3임을 보이는 것도 일종의 증명이라고 할 수 있습니다. 이렇듯 문제풀이 자체가 하나의 증명 과정이니, 증명에 사용된 아이디어들이 문제풀이에도 쓰이는 건 어찌 보면 당연합니다. 그렇다면 수학에서 배운 모든 정리의 증명을 일일이 외워야 할까요? 그럴 필요까진 없습니다. 게다가 고등학교 교육과정 내의 내용으로는 증명이 불가능한 정리들도 있습니다. 특히 극한에 관한 정리들은 고등학교 수준으로는 대부분 증명할 수 없습니다. 반면에 상당히 복잡해 보이지만 고등학교 수준에서 증명이 가능한 것들이 있습니다. 예를 들면……

점과 직선 사이의 거리

좌표평면위의 한 점 (x_1, y_1)과 직선 $ax+by+c=0$ 사이의

거리 d는 $d = \dfrac{|ax_1+by_1+c|}{\sqrt{a^2+b^2}}$

삼각함수 덧셈정리

$sin(A+B)=sinAcosB+cosAsinB$

$cos(A+B)=cosAcosB-sinAsinB$

점과 직선 사이의 거리 공식과 삼각함수의 덧셈 정리 등이 있겠네요. 이 두 공식은 모두 학생들이 필수로 외워야 하고 문제풀이에도 심심찮게 등장합니다. 하지만 이 정리의 증명과정은 상당히 복잡하기 때문에 대부분 그냥 무시하고 무작정 공식만 외운 채 넘어갑니다. 하지만 그렇게 공부하면 다음의 두 문제를 풀기가 매우 어려울 겁니다.

29. 좌표공간에서 구 $x^2+y^2+z^2=4$ 위를 움직이는 두 점 P, Q가 있다. 두 점 P, Q에서 평면 $y=4$에 내린 수선의 발을 각각 P_1, Q_1이라 하고, 평면 $y+\sqrt{3}\,z+8=0$에 내린 수선의 발을 각각 P_2, Q_2라 하자. $2|\overrightarrow{PQ}|^2-|\overrightarrow{P_1Q_1}|^2-|\overrightarrow{P_2Q_2}|^2$의 최댓값을 구하시오. [4점]

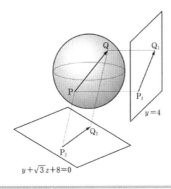

$y=4$

$y+\sqrt{3}\,z+8=0$

[출처: 2014학년도 수능 수학B형 29번]

29. 좌표공간의 두 점 $A(2,\ \sqrt{2},\ \sqrt{3})$, $B(1,\ -\sqrt{2},\ 2\sqrt{3})$에 대하여 점 P는 다음 조건을 만족시킨다.

(가) $|\overrightarrow{AP}|=1$
(나) $\overrightarrow{AP}$와 $\overrightarrow{AB}$가 이루는 각의 크기는 $\dfrac{\pi}{6}$이다.

중심이 원점이고 반지름의 길이가 1인 구 위의 점 Q에 대하여 $\overrightarrow{AP}\cdot\overrightarrow{AQ}$의 최댓값이 $a+b\sqrt{33}$이다. $16(a^2+b^2)$의 값을 구하시오. (단, a, b는 유리수이다.) [4점]

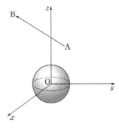

[출처: 2016학년도 수능 수학B형 29번]

두 문제 모두 정답률이 상당히 낮은 4점짜리 킬러 문제입니다. 가뜩이나 어려운데 대부분의 학생들이 취약한 '도형'에 관련된 문제라 더욱 어렵게 느껴지는 문제들이죠. 특히 왼쪽의 2014학년도 수능 문제는 지금까지 수능에 출제된 도형 문제 중 가장 어렵기로 손꼽히는 문제입니다. 대체 이런 문제는 누가 푸는 걸까요? 번뜩이는 영감 없이는 풀 수 없는 문제일까요? 놀라운 점은 이 두 문제를 푸는 핵심적인 아이디어가 교과서 속 '증명'에 이미 있다는 점이죠.

2014학년도 문제를 해결하는 핵심적인 아이디어는 '점과 직선 사이 거리 공식'의 증명 속에 있으며 2016학년도 문제를 푸는 핵심적인 아이디어는 '삼각함수 덧셈 정리'를 증명하는 과정 속에 있습니다. 즉, 증명에 익숙한 학생이라면 그렇지 않은 학생들에 비해서 비교적 쉽게 문제에 접근할 수 있었다는 말이죠. 이렇게 적나라한 예시가 이미 있는데도 여전히 증명을 무시해버리는 수험생들이 많은 게 그저 안타까울 따름입니다.

꿀팁!!! 교과서의 증명을 활용하기

시중에 판매되는 문제집들의 경우에는 공식만 딸랑 적어놓고 그 증명은 생략해버리는 경우가 매우 많습니다. 게다가 사설기관에서 만든 자습서에서는 교육과정 밖의 내용으로 증명해버리기도 합니다. 그럼 고등학교 교육과정에 맞는 증명을 보고 싶을 땐 어떻게 해야 할까요? 답은 바로 교과서입니다.

저 역시 마찬가지였지만 대부분의 학생들이 수학 교과서를 중요하게 여기지 않습니다. 그도 그럴 것이 수학 교과서의 수록된 문제들은 대부분 아주 기초적인 문제밖에 없기 때문입니다. 교과서만으로는 내신시험이나 수능을 대비하기엔 좀 부족한 게 사실이기에 교과서의 문제들을 무시하는 것도 어느 정도 이해할 순 있습니다. 그렇다고 교과서 증명 부분까지 무시해버리면 매우 곤란합니다.

교과서의 증명 부분은 시중에 출판된 그 어떤 참고서보다 명확하게 쓰여 있으며 고등학교 교육과정을 철저하게 지키기 때문입니다. 만약 정리의 증명과정을 알고 싶다면 괜히 어렵고 복잡한 책보다는 여러분 학교에서 나눠준 교과서를 보는 게 더 좋습니다. 게다가 요즘 교과서에서는 하나의 정리를 2가지 이상의 서로 다른 방법으로 증명해 놓는 경우가 많기 때문에, 다양한 사고를 해볼 수 있는 좋은 기회입니다.

어려운 문제는
손을 못 대요

2점짜리나 3점짜리 문제는 곧잘 풀지만 문제의 난이도가 조금 어려워지면 아예 손을 못 대는 학생들이 있습니다. 그런 학생들의 가장 큰 특징이자 문제점은 문제 풀이의 호흡이 짧다는 점입니다. 즉, 문제풀이가 1~2줄이면 부담 없이 쉽게 풀어버리지만 문제풀이가 길어질수록 생각의 정리가 잘 안 되는 거지요. 그렇다면 어려운 문제를 풀려면 대체 어떻게 해야 할까요?

우선 어려운 문제를 한 번에 풀려는 생각을 하지 말아야 합니다. 간혹 고난도 문제 중에 독창적인 아이디어만 떠올리면 한 줄 내에서 풀리는 문제들이 있지만 그런 경우는 어디까지나 특이 케이스입니다. 어려운 문제는 그 자체의 난이도가 높다기 보다는 쉬운 문제가 여러 개 합쳐져 있어 어려워 보이는 경우가 대부분입니다. 즉, 어려운 문제에 접근할 때는 문제 하나를 통째로 보는 대신에 여러 개의 쉬운 문제로 쪼개서 보는 습관이 필요합니다.

그렇다면 어떻게 하나의 문제를 여러 개로 쪼갤 수 있을까요? 하나의 문제에 어떤 개념이 녹아 있는지를 파악하는 연습을 하면 됩니다. 흔히 말하는 '단원 통합형' 문제가 어떤 단원들의 개념을 합친 건지 역으로 쪼개 보는 겁니다. 어떤 하나의 문제에 세 개의 개념 A, B, C 가 합쳐져 있다고 해보면, 전체적인 문제는 상당히 어려워 보일 겁니다. 하지만 각각의 개념인 A, B, C 하나하나는 그렇게 어렵지 않은 경우가 많습니다. 이렇게 하나의 어렵고 거대한 문제를 여러 개의 쉽고 작은 문제들로 쪼개는 건 고난도 문제를 풀기 위한 핵심적인 방법입니다. 또 그 밖에 고난도 문제를 해결하는 팁들을 한 번 알아볼까요?

_ 어떤 개념들이 녹아 있는가?

어려운 문제들의 대다수는 여러 개의 개념이 하나로 합쳐져 있습니다. 이른바 '단원 통합형' 문제라고들 하지요. 여러 개의 단원이 섞여 있으니 난이도가 높은 건 어찌 보면 당연한 일입니다. 그럼 이런 문제를 풀 수 있는 학생과 풀 수 없는 학생의 차이가 뭘까요? 가장 큰 차이는 바로 문제 속에 녹아있는 개념을 추출하는 능력입니다. 쉽게 설명하기 위해 비유를 하나 들어봅시다. 혹시 '식객'이나 '대장금'같이 요리에 관한 드라마, 영화, 만화를 보신 적이 있나요? 요리와 관련된 것에는 항상 등장하는 장면이 하나 있습니다. 바로 어떤 음식을 맛보고 그 음식의 재료들을 맞추는 장면 말이죠.

여기에서 일반인과 요리 명인들의 차이가 부각되죠. 일반들은 대략적인 재료만 파악하는데 그치지만 요리 명인들은 음식에 어떤 재료가 들어가는지 상세하고 정확하게 맞춰버립니다. 아니, 어려운 수학 문제 푸는 법 알려준다면서 갑자기 웬 요리 얘기냐고요? 고난도 수학 문제를 쉽게 접근하는 방법이 요리를 맛보고 그 재료를 맞추는 것과 비슷하기 때문입니다. 고난도 문제가 하나의 완성된 요리라면 그 문제를 푸는 데 필요한 개념은 요리 재료라고 할 수 있습니다. 즉, 어려운 문제를 조금이나마 쉽게 풀기 위해서는 그 문제에 녹아 있는 개념을 정확하게 파악할 수 있어야 합니다. 문제를 보고 그것과 관련된 단원들을 떠올리고 각 단원에서 무엇을 배웠는지를 알아내야 합니다.

자, 이제 어려운 문제를 푸는 방법을 알았으니 이 책을 잠시 옆에 놔두고 문제집을 한 번 볼까요? 문제를 보면 그 문제와 관련된 단원, 개념들이 머릿속에 술술 떠오르시나요? 만약 그렇다면 뭐…… 축하드릴 일이지만 아마 대다수는 잘 안 될 겁니다. 즉, 문제와 관련된 단원을 떠올리는 것도 충분한 연습 없이는 힘들다는 얘기죠. 그럼 어떻게 연습해야 할까요? 특별한 방법이나 책 따윈 필요 없습니다. 그저 여러분이 평소에 푸셨던 문제집만 가지고도 충분히 연습할 수 있습니다. 일단 예시를 들기 위해 어려운 문제 하나를 가져와봅시다.

[출처: 2016학년도 수능 수학B형 30번]

이 문제는 2016학년도 수능 수학 B형 30번 문제입니다. 수학 시험지의 마지막을 장식하는 만큼 상당한 난이도를 보여주는 문제였습니다. 일단 수학 공부를 하다 보면 이 문제를 풀게 될 겁니다. 몇몇 학생은 맞출 거고 몇몇 학생은 틀리겠죠. 여기서 맞고 틀리고는 그다지 중요하지 않습니다. 정작 중요한 건 채점한 이후라고 할 수 있죠. 이 문제를 맞힌 친구들은 '와…… 내가 수능에서 가장 어려운 문제를 풀다니! 아싸~!'하면서 방심해서는 안 됩니다. 또 이 문제를 틀린 친구들은 '아…… 틀리니까 짜증나네'하면서 포기해서는 안 됩니다. 아무리 지금 맞췄다고 해도 실제 시험장에선 틀릴 수 있으며 지금 당장은 틀렸다고 해도 많이 연습하면 실제 시험장에서는 맞출 수 있습니다.

그럼 문제를 풀고 채점한 다음엔 어떻게 해야 할까요? 바로 이 문제가 어떤 개념들을 조합해 만들어진 건지 꼼꼼하게 따져봐야 합니다. 실제로 이 문제에는 '함수의 연속', '정적분과 미분의 관계', '무리함수 조건', '도함수 부호와 함수의 증감' 등등…… 미적분 I, II의 거의 모든 내용이 다 녹아있는 문제입니다. 한 문제에 그토록 많은 개념이 들어있으니 당연히 어렵고 수능에서도 최저 정답률을 기록할 수 있었지요.

이렇게 문제를 푸는 데 이용되는 단원, 개념들을 파악했다면 문제 옆에 적어 보세요. 이렇게 어려운 문제를 만날 때마다 그 문제에 적용되는 공식이나 원리를 문제 한편에 조그맣게 적어 보는 겁니다. 그렇게 하다 보면 자연스럽게 개념 복습이 이루어지고 문제를 다시 풀 때에도 효율적으로 복습할 수 있죠. 저 역시 이런 식으로 수학을 공부하다 보니 수능 시험장에서는 문제를 읽자마자 '아, 이 문제는 이걸로 풀면 되겠구나.'하면서 훨씬 쉽게 고난도 문제에 접근할 수 있었습니다.

저 같은 경우 오답노트 만드는 걸 별로 좋아하지 않는 스타일인데, 오답노트보다는 문제 옆에 조그맣게 개념, 공식들을 써넣는 게 더 효과적이라 생각하기 때문입니다. 문제와 풀이를 똑같이 복사해서 정리하는 것보다는 문제 옆에 적어놓은 개념들을 '힌트' 삼아 다시 풀어보는 게 더 효과적으로 복습이 된다고 생각합니다.

_ 자주 쓰이는 풀잇법은?

수능에서는 고난도 문제 말고도 학생들을 괴롭히는 문제들이 있는데, 바로 '신유형 문제'들입니다. 말 그대로 지금껏 보지 못한 새로운 문제이기에 하위권부터 상위권까지 골고루 당황시키는 녀석들이죠. 하지만 수능에서 소위 말하는 '신유형' 문제는 몇 개가 나올까요? 수능 수학 문제가 총 30개인데 1번부터 30번까지 전부 새로운 문제로 도배할 수가 있을까요? 상식적으로 말도 안 되는 소리죠. 아무리 문제를 출제하시는 교수님들이 창의력 대장님들이라 해도 모든 문제를 신유형으로 만들 수는 없습니다. 신유형을 출제해봤자 보통 5개 정도지요. 그렇다면 남은 25문제는 대체 어떤 문제들일까요? 그렇습니다. 바로 이미 기출된 문제들과 흡사한 문제들이 주를 이룹니다. 증거 있냐고요? 증거 당연히 있죠.

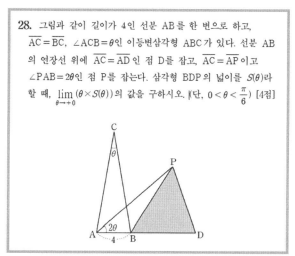

28. 그림과 같이 길이가 4인 선분 AB를 한 변으로 하고, $\overline{AC} = \overline{BC}$, $\angle ACB = \theta$인 이등변삼각형 ABC가 있다. 선분 AB의 연장선 위에 $\overline{AC} = \overline{AD}$인 점 D를 잡고, $\overline{AC} = \overline{AP}$이고 $\angle PAB = 2\theta$인 점 P를 잡는다. 삼각형 BDP의 넓이를 $S(\theta)$라 할 때, $\lim_{\theta \to +0} (\theta \times S(\theta))$의 값을 구하시오. (단, $0 < \theta < \frac{\pi}{6}$) [4점]

[출처: 2014학년도 수능 수학B형 28번]

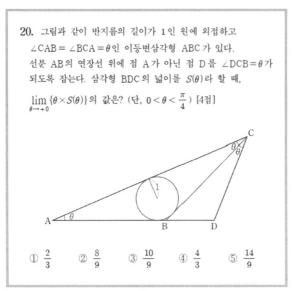

20. 그림과 같이 반지름의 길이가 1인 원에 외접하고 ∠CAB = ∠BCA = θ인 이등변삼각형 ABC가 있다. 선분 AB의 연장선 위에 점 A가 아닌 점 D를 ∠DCB = θ가 되도록 잡는다. 삼각형 BDC의 넓이를 $S(\theta)$라 할 때, $\lim\limits_{\theta \to +0} \{\theta \times S(\theta)\}$의 값은? (단, $0 < \theta < \frac{\pi}{4}$) [4점]

① $\frac{2}{3}$ ② $\frac{8}{9}$ ③ $\frac{10}{9}$ ④ $\frac{4}{3}$ ⑤ $\frac{14}{9}$

[출처: 2015학년도 수능 수학B형 20번]

두 문제 모두 4점짜리 어려운 문제들입니다. 두 문제를 따로따로 보면 상당히 특이해 보이죠? 삼각형이 여러 개 보이고 각도가 미지수 θ로 주어져 있습니다. 하지만 두 문제를 한 번에 보면? 놀랍도록 유사한 문제라는 걸 눈치챌 수 있습니다. 우선 그림 자체가 비슷하고, 문제 형식도 거의 똑같습니다. 심지어 문제에서 구하라는 값이 $\lim\limits_{\theta \to +0} \theta \times s(\theta)$인 것도 똑같군요. 다른 시험도 아니고 무려 '수능'에서 조차 이미 나온 문제가 또 한 번 나오는 기출 재탕이 빈번하게 일어납니다. 이렇게 문제가 아예 비슷하게 생겨서 그 풀이도 필연적으로 비슷한 경우가 있다면, 문제는 전혀 다르게 생겼지만 풀이 방법이 비슷한 경우도 있습니다.

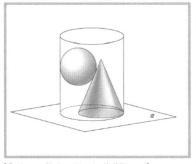

[출처: 2012학년도 수능 수리(가)형 29번]

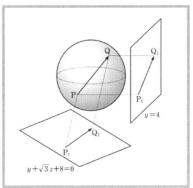

[출처: 2014학년도 수능 수학B형 29번]

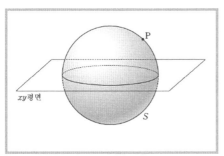

[출처: 2015학년도 수능 수학B형 29번]

세 문제 모두 수능에서 출제된 도형 문제입니다. 하지만 앞서 살펴본 두 문제랑은 좀 차이가 있죠? 일단 세 문제 모두 입체도형을 다루고 있다는 점은 똑같지만 그 이상의 공통점은 찾아보기 힘듭니다. 도형이 전부 제각각으로 생겨먹었네요. 그런데 놀라운 점은 이 세 문제의 풀이과정이 매우 흡사하다는 겁니다! 세 문제의 풀이과정 중 일부를 보여드리겠습니다.

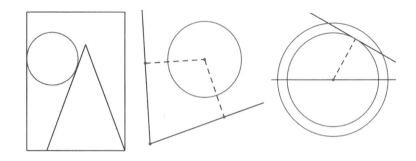

　일단 첫 번째 그림은 2012학년도 수능 문제를 푸는 과정 중 일부입니다. 대체 저게 무슨 그림일까요? 문제에서는 분명 구, 원뿔, 원기둥같이 입체도형이 등장했지만 저 그림에서는 입체감이 전혀 느껴지지 않습니다. 구 대신 원, 원뿔 대신에 삼각형, 원기둥 대신에 직사각형이 보이는군요. 두 번째 그림은 2014학년도 수능 문제를 푸는 과정 중 일부입니다. 마찬가지로 입체감 따위는 온데간데없고 아주 평평합니다. 구 대신에 원이 그려져 있군요.

　세 번째 그림에도 구 대신에 원이 그려져 있습니다. 공통점이 보이시나요? 바로 입체를 평면으로 바꿔버린다 라는 아이디어가 공통적입니다. 세 문제 모두 4점짜리 킬러 문제들이며 학생들이 가장 까다로워하는 입체도형 문제입니다. 그런데 이 세 문제의 풀잇법이 모두 똑같다니, 상당히 놀랍죠? 아무리 문제가 서로 달라 보여도 풀잇법 자체는 똑같은 경우가 매우 많습니다. 겉포장은 다르지만 그 내용물은 같다고 할 수 있죠. 어떤가요? 수능에는 신 유형 문제도 나오지만 이렇게 반복되는 문제들도 많이 출제됩니다.

물론 처음 문제를 풀 때에는 반복되는 건지 안 되는 건지 잘 느껴지지 않을 수 있습니다. 그래서 복습이 매우 중요한 거죠. 특히 기출문제 같은 경우, 한 번 풀고 버리지 말고 여러 번 반복적으로 풀어보면서 수능에 어떤 문제, 어떤 풀잇법이 반복되는지 스스로 파악해봐야 합니다. 그리고 자주 사용되는 풀잇법을 깨달았다면 거기서 멈추지 말고 반드시 자기 나름대로 정리를 해서 기억해야 합니다. 예를 들어 앞서 소개한 입체도형 문제를 풀고 다음과 같이 정리할 수 있겠죠.

입체도형이 나오면 평면도형으로 바꾼다.
구 → 원
원기둥 → 직사각형
원뿔 → 삼각형
평면 → 직선

이렇게 기출문제에 자주 등장하는 문제의 유형이나 풀잇법을 숙지하는 것도 고난도 문제를 쉽고 빠르게 해결하는 좋은 방법이라 할 수 있습니다.

_ 조건을 모두 활용했는가?

수학 공식에 성립 조건이 있는 것처럼 수학 문제에도 조건이 주어집니다. 수학 문제를 푸는 것은 주어진 조건을 잘 활용해서 원하는 답을 구하는 과정이라 해도 과언이 아니죠. 그 정도로 주어진 조건을 얼마나 잘 활용하느냐는 문제 풀이에 있어서 매우 중요한 부분입니다. 다음 예시를 한 번 볼까요? 수학에서 조건이 얼마나 중요한지 경험해볼 수 있는 문제입니다.

---

❶ $a^2+b^2=5$를 만족하는 실수 a, b를 구하여라.

❷ $a^2+b^2=5$를 만족하는 정수 a, b를 구하여라. (단, $0<a<b$)

두 문제 모두 겉보기엔 상당히 흡사해 보이지만 실은 전혀 다른 문제입니다. 우선 ❶을 풀어보면 답이 무수히 많다는 걸 알 수 있습니다. $a^2+b^2=5$를 만족하는 실수 a, b의 예시를 몇 가지 들어보면 $a=1$, $b=2$ 또는 $a=\sqrt{3}$, $b=\sqrt{2}$가 있죠. 사실 이 두 가지 경우 말고도 무수히 많은 답이 존재합니다. 따라서 이 문제는 답은 분명 있지만 답을 적기가 매우 곤란한 문제입니다. 하지만 ❷를 한 번 볼까요? 전체적으로 ❶과 비슷해 보이지만 '실수'라는 조건이 '정수'로 바뀌었고 $0<a<b$라는 조건이 추가되었군요. 조건이 2개만 추가되어도 문제의 답이 완전히 달라집니다. 풀어보신 분들은 아시겠지만 ❷의 답은 $a=1$, $b=2$ 하나뿐입니다. 조건만 살짝 바꿔주면 답이 무수히 많았던 문제가 답이 오직 하나인 문제로 변해버립니다. 이것이 수학에서 '조건'이 가지는 위력이라 할 수 있겠죠. 제가 예시로 든 문제는 매우 단순한 문제이지만 수능 수학도 이와 크게 다르지 않습니다.

30. 실수 전체의 집합에서 <u>연속인 함수</u> $f(x)$가 다음 조건을 만족시킨다.

> (가) $x \leq b$일 때, $f(x) = a(x-b)^2 + c$이다. (단, a, b, c는 상수이다.)
>
> (나) 모든 실수 x에 대하여 $f(x) = \int_0^x \sqrt{4-2f(t)}\, dt$이다.

$\int_0^6 f(x)dx = \dfrac{q}{p}$일 때, $p+q$의 값을 구하시오.

(단, <u>p와 q는 서로소인 자연수이다.</u>) [4점]

[출처: 2016학년도 수능 수학 B형 30번]

이 문제는 2016학년도 수능 수학 B형에서 매우 어려운 편에 속하는 문제입니다. 참고로 이 문제를 보여드리는 건 이 책을 보시는 독자 분들에게 이 문제를 이해하고 풀라는 게 절대 아닙니다. 그저 문제의 조건을 파악하는 것이 얼마나 중요한지를 보여주는 예시일 뿐이니 겁먹지 않으셔도(?) 됩니다.

우선 문제를 보면 참으로 다양한 조건들이 보입니다. '연속인 함수', 'a, b, c는 상수다'처럼 말로 풀어쓴 조건들도 보이고 (가), (나)처럼 아예 수식으로 주어진 조건들도 보입니다. 수식으로 쓰여 있든 한글로 쓰여 있든 어쨌건 조건이 명확하게 보이는군요. 이런 조건들은 눈에 보이는 조건들로 반드시 본인 나름대로 표시를 해둬야 합니다. 동그라미를 치든 밑줄을 긋든 상관없지만 꼭 표시를 해주셔야 합니다. 조건이 한두 개면 그냥 눈으로 쓱 보고 외울 수도 있겠지만 이렇게 조건이 5~6개씩 튀어나오면 표시를 해 두는 게 좋습니다.

일단 수학 문제를 푸는 첫걸음은 '눈에 보이는 조건'들을 정확하게 파악하는 겁니다. 그다음 단계는 눈에 안 보이는 조건들을 찾을 차례입니다. 문제는 이 조건들은 찾아내기가 상당히 어렵다는 점인데요, 이 문제의 정답률을 많이 낮은 이유도 중요한 조건들이 숨겨져 있기 때문입니다.

$$\sqrt{4-2f(x)} \rightarrow 4-2f(x) \geqq 0 \rightarrow f(x) \leqq 2$$

문제에 $\sqrt{4-2f(x)}$라는 식이 보이시나요? 이 식 자체는 아무 역할을 안 하는 것처럼 보입니다. 등호(=)도 없고 부등호($<$, $>$)도 안 보입니다. 하지만 이 식으로부터 $f(x) \leqq 2$라는 부등식을 유도하는 게 이 문제를 푸는 핵심 포인트입니다. 즉, $\sqrt{4-2f(x)}$라는 하나의 '수식'으로부터 $f(x) \leqq 2$라는 조건을 이끌어내야 하는 거죠. 이렇게 문제에서 명시되어 있지 않고 학생 스스로 이끌어내야 하는 조건이 바로 눈에 안 보이는 조건입니다. 분명 문제를 아무리 샅샅이 뒤져봐도 $f(x) \leqq 2$ 이런 식은 안 보이지만, 유도해낼 수 있어야 한다는 거죠.

어려운 수학 문제를 잘 풀기 위해서는 문제에 명시된 조건을 잘 확인하고 문제에 숨겨져 있는 조건을 잘 이끌어내야 합니다. 평소에 문제의 조건을 한두 개 씩 놓쳐서 틀리는 학생들이 있다면 문제를 눈으로만 읽지 말고 반드시 조건에다가 본인 나름의 표시를 하기 바랍니다. 저 같은 경우엔 조건이 보일 때마다 동그라미를 치고 문제를 풀면서 사용한 조건에다가 체크($\vee$)표시를 했습니다. 그리고 문제를 풀다가 막히면 동그라미 친 조건 중 체크되어 있지 않은 걸 최대한 이용해보려고 노력했죠. 대부분의 수학 문제, 특히 수능 수학 문제는 절대로 쓸데없는 조건을 주지 않습니다. 반대로 말하면 문제에서 주어진 모든 조건을 다 활용해야 원하는 답을 얻을 수 있다는 말이죠. 만약 문제를 풀다가 잘 안 풀리면 본인이 사용하지 않은 조건이 있는지 확인해보시기 바랍니다. 다시 한 번 강조하지만, 수학 문제만큼은 주어진 모든 조건을 모두 활용해야 합니다. 어느 하나라도 빠뜨렸다면 다시 검토를 해봐야 합니다.

_ 정의가 뭐지?

어려운 수학 문제를 풀려면 어떻게 해야 하는지를 알려드리기 전에 이 질문부터 해보고 싶네요. 수학 문제를 어렵게 만들려면 어떻게 해야 할까요? 본인이 직접 출제자로 빙의해서 한 번 고민해봅시다. 누구나 다 맞추는 쉬운 문제 말고 4점짜리 고난도 문제를 만들려고 하는데 그러면 어떻게 해야 할까요? 단순히 숫자를 지저분하게 만들어서 계산을 고통스럽게 하는 건 별로 좋은 방법이 아닙니다. 보통 훌륭한 고난도 문제는 두 가지 방법으로 만들어집니다. 첫번째는 서로 다른 단원을 통해서 문제를 만드는 겁니다. 이른바 '단원 통합형' 문제들이죠. 두 번째는 문제에서 새로운 정의를 제시하는 방법입니다. 즉, 이미 학생들이 배운 기본 개념을 바탕으로 새로운 개념을 만들어내는 겁니다. 말로만 표현하면 이해하기 힘드니 아주 쉬운 예시를 들어볼까요?

연산자 ◎를 다음과 같이 정의하기로 하자.
$a◎b=ab+a+b$
이때, 3◎5=?

새로운 정의를 내리는 것은 많은 학생들이 힘겨워하는 부분이고 수능 출제진들도 그걸 알기에 자주 애용하는 방법입니다. 우선이 문제를 보겠습니다. 문제에서 새로운 연산자 ◎를 제시했군요. 저 연산자는 우리가 처음 보는 거네요. 사칙연산(+, -, ×, ÷)은 익숙하지만 ◎는 굉장히 낯섭니다. 그렇다면 ◎는 실제로 있는 기호일까요? 사실 ◎는 제가 아무렇게나 만든 기호일 뿐 실제로 사용되는 수학 기호는 아닙니다. 실제로 사용된다 해도 저렇게 정의되지는 않을 겁니다. 어쨌든 문제에서 새로운 정의가 주어졌군요. 그럼 어떻게 해야 할까요? 새로운 정의를 심층적으로 분석해야 할까요? 절대 그렇지 않습니다. 새로운 정의가 나왔을 때 취해야 하는 행동은 단 하나입니다. 그냥 문제에서 정의한 그대로 따라가기만 하면 됩니다. 이 문제를 풀어보면 그냥 a대신에 3을 집어넣고 b대신에 5를 집어넣기만 하면 됩니다. 뭔가 허무한가요? 문제에서 새로운 정의가 나왔다고 해서 당황할 필요가 전혀 없습니다. 그저 문제에서 시키는 대로 그대로 따라 하기만 하면 됩니다.

새로운 정의가 제시될 때 학생들이 가장 많이 하는 실수는 정의를 본인 마음대로 조작하려 드는 겁니다. 하지만 낯선 정의가 등장하면 그것을 임의로 조작하는 것보다는 그대로 따라가는 게 더 현명합니다. 자, 이제 맛보기 문제를 풀어봤으니 실제 수능에서 어떻게 나오는지 한 번 살펴볼까요? 물론 독자 분들에게 문제를 풀라고 하는 것은 절대 아닙니다. 그냥 '아하~ 수능에는 이렇게 나오는구나' 정도로 받아들이시면 됩니다.

---

24. 최고차항의 계수가 1이고, $f(0)=3$, $f'(3)<0$인 사차함수 $f(x)$가 있다. 실수 t에 대하여 집합 S를

$$S=\{a \mid 함수 \; |f(x)-t|가 \; x=a에서 \; 미분가능하지 \; 않다.\}$$

라 하고, 집합 S의 원소의 개수를 $g(t)$라 하자. 함수 $g(t)$가 $t=3$과 $t=19$에서만 불연속일 때, $f(-2)$의 값을 구하시오.

[4점]

[출처: 2011학년도 수능 수리(가)형 24번]

푼 사람이 거의 없다는 전설적인 문제입니다. 저 역시 이 문제를 처음 풀 때는 매우 당황했죠. 그 이유는 바로 새로운 정의가 아주 낯선 형태로 주어졌기 때문입니다. 보시면 네모칸 안에 S의 원소의 개수를 $g(t)$라 하자라는 말이 보이시죠? $g(t)$라는 함수는 교육과정 내에는 존재하지 않는 함수로서 아마 전국의 모든 학생들이 처음 보는 함수일 겁니다. 그럼에도 불구하고 이 함수가 수능에 출제될 수 있는 이유는 이 함수의 정의가 학생들의 배경지식으로 충분히 이해할 수 있기 때문이죠. 즉, 출제진들은 이렇게 말하고 싶은 겁니다.

출제진: 너희들이 이해할 수 있는 새로운 함수를 줄 테니 이걸 잘 이해해서 문제를 풀어라!

이 문제 역시 새로운 함수 $g(t)$를 자기 멋대로 조작하려 해서는 안 됩니다. 그저 문제에서 시킨 대로 $g(t)$를 구해야 하죠. 어떤 새로운 정의가 주어질 때는 항상 '주어진 정의에 충실하자!'는 마인드로 문제에 접근하시기 바랍니다.

꿀팁!!! 문제에서 새로운 정의라는 걸 어떻게 알까?

이 글을 본 분들 중 혹시 이런 궁금증을 가지신 분이 있나요? 새로운 정의가 나오면 그냥 정의대로 따라가는 게 좋다는 건 알겠는데, 새로운 정의가 나온 건지 어떻게 아냐고요? 방법은 의외로 아주 간단합니다. 수능 문제에서 새로운 정의나 함수를 제시할 때 항상 쓰이는 표현이 있거든요.

◇◇◇를 ○○○라고 하자

이 표현이 수능에서 가장 자주 쓰이는 표현입니다. 위의 문제를 참고해보면 S의 원소의 개수를 g(t)라 하자 ← 역시 똑같은 표현이 사용되었다는 걸 알 수 있습니다.
이제 이런 표현을 볼 때마다 정의가 정확히 무엇인지 잘 확인하면서 문제를 푸시기 바랍니다.

수학 문제를 풀 때 가장 기본이 되는 원칙이 있습니다. 바로 구해야 하는 답이 n개면 식도 n개가 필요하다는 거죠. 예를 들어볼까요?

> $x+y=2$일때, $x=?$ $y=?$

x, y를 더했더니 그 값이 2라고 하네요. 그럼 x, y는 각각 얼마일까요? 조금만 생각해보면 알 수 있듯이 이 문제의 답은 무수히 많습니다. 그중 몇 가지를 살펴보자면 (x=1, y=1), (x=2, y=0), (x=0, y=2) 등등……. 셀 수 없이 많은 답이 존재합니다. 왜 그럴까요? 지금 이 문제에서 우리가 구해야 하는 미지수는 x, y 총 2개입니다. 하지만 식의 개수는 x+y=2 딸랑 한 개뿐입니다. 미지수가 2개이면 식도 2개여야 하지만 지금은 식이 1개밖에 없기 때문에, x, y를 정확히 구할 수가 없는 것이죠. 그럼 다음의 경우는 어떨까요?

> $\begin{cases} x+y=2 \\ x-y=0 \end{cases}$ 일때, $x=?$ $y=?$

오! 이번에는 x+y=2 뿐 아니라 또 다른 식 x-y=0 이 추가되었습니다. 이제 구해야 하는 문자의 개수가 주어진 식의 개수가 같아졌습니다. 그럼 x, y를 정확히 구할 수 있을까요? 한 번 해보죠. 일단, 두 식을 서로 더하면 $2x=2$이기 때문에, $x=1$이 됩니다. 따라서 y는 자동적으로 1이 되는군요. 이 문제의 답은 (x=1, y=1) 오직 하나입니다. 그 외의 경우는 답이 될 수가 없습니다. 어떤가요? 이제 슬슬 감이 잡히시나요? 우리가 모르는 숫자(미지수)가 2개면 식도 2개가 필요합니다. 그럼 모르는 숫자가 3개일 때는 어떨까요?

$$\begin{cases} x+y+z=3 \\ x-y+z=1 \\ x+y-z=1 \end{cases} \text{일때, } x=? \ y=? \ z=?$$

이번에는 미지수가 x, y, z로 총 3개입니다. 그리고 주어진 식도 똑같이 3개군요. 여기에는 앞서 배운 원칙이 적용됩니다. 미지수의 개수와 주어진 식의 개수가 같으므로 x, y, z를 모두 정확하게 구할 수 있습니다. 답을 알려드리자면 (x=1, y=1, z=1)입니다. 그 외의 경우는 답이 될 수가 없죠.

물론 이 원칙이 항상 성립하는 건 아닙니다. 예를 들어 미지수의 개수는 3개인데 식이 1개만 있어도 정확하게 답을 구할 수 있는 경우가 있습니다. 조금 특이한 케이스이긴 하죠.

$(x-1)^2+(y-1)^2+(z-1)^2=0$일때, $x=? \ y=? \ z=?$
(단, x, y, z는 실수)

실수는 제곱하면 무조건 0보다 크거나 같습니다. 그런데, 제곱한 실수를 세 개나 더했는데도 그 값이 여전히 0이군요? 따라서 각각의 수가 모두 0이어야 합니다. 따라서 위 문제의 답은 (x=1, y=1, z=1)입니다. 식이 1밖에 없고 미지수는 무려 3개나 있지만 답을 정확하게 구할 수 있는 경우입니다. 물론 이런 경우는 아주 특이한 케이스죠.

몇몇 예외가 존재하는 원칙이기는 하지만 적어도 수능 수학에서만큼은 아주 강력하게 적용되는 원칙입니다. 이 원칙을 항상 생각해두면 낯설고 복잡한 문제를 만나도 문제풀이의 방향성을 잡을 수 있습니다. 수능 문제를 통해 설명해볼까요?

---

30. 실수 전체의 집합에서 연속인 함수 $f(x)$가 다음 조건을 만족시킨다.

(가) $x \leq b$일 때, $f(x) = a(x-b)^2 + c$이다. (단, a, b, c는 상수이다.)

(나) 모든 실수 x에 대하여 $f(x) = \int_0^x \sqrt{4 - 2f(t)} \, dt$이다.

$\int_0^6 f(x) \, dx = \dfrac{q}{p}$일 때, $p+q$의 값을 구하시오.

(단, p와 q는 서로소인 자연수이다.) [4점]

[출처: 2016학년도 수능 수학B형 30번]

거듭 말씀드리지만 제가 이 책에서 수능 문제를 보여드리는 것은 어디까지나 '참고 설명용'으로 보여드리는 것이지 독자분들에게 이 문제를 이해하거나 풀라고 요구하는 것이 절대로 아닙니다. 심지어 위의 문제는 이과용 문제라 문과 학생은 풀 수 없기도 하고요. 문제를 보지 마시고 제가 네모칸 친 부분에만 집중해주시기 바랍니다. 네모칸을 보면 미지수가 보입니다. a, b, c 총 3개의 미지수가 보이는 군요. 미지수의 개수와 식의 개수에 관한 원칙을 떠올리지 못한 학생은 분명 이 문제에서 헤매게 됩니다. 일단 문제가 아주 복잡해서 풀이의 방향을 잡기가 힘들기 때문입니다. 하지만 '미지수의 개수가 3개이니 식도 3개가 필요하겠군!'이라고 생각하게 된 학생이라면 좀 더 쉽게 문제에 접근할 수 있습니다.

이 문제가 제가 수능을 치렀을 때 실제 시험 현장에서 맞닥뜨린 문제입니다. 저도 처음에 보고 문제가 어려워 보여서 당황했죠. 하지만 침착하게 생각해보니 모르는 문자가 a, b, c로 총 3개이니 결국 식 3개가 필요하다는 걸 깨달았습니다. 그렇게 생각하니 풀이의 갈피가 잡히고 문제를 쉽게 해결할 수 있더군요. 혹시 문제를 풀다가 막히면 자신이 구해야 하는 것이 몇 개인지 다시 확인해보시기 바랍니다. 그리고 자신이 지금까지 구한 식이 몇 개인지 확인하세요. 만약 구해야 하는 건 3개인데, 식이 2개밖에 없다면 자신이 빠뜨린 식이 하나 있다는 걸 눈치챌 수 있겠죠? 이런 식으로 구하는 것의 개수와 식의 개수를 비교하면 문제풀이의 방향을 잡을 수 있게 됩니다.

답지를 볼까요?
보지 말까요?

의외로 다수의 수험생들이 궁금해하는 내용입니다. 수학 문제를 풀다가 잘 안 풀리면 답지를 봐야 할까요? 아니면 풀 때까지 답지를 보지 않고 고민해야 할까요? 물론 어디까지나 개인의 취향인 부분입니다. 실제로 제가 다니던 고등학교의 수학 선생님 두 분은 이 질문에 대해 서로 상반되는 의견을 보여주셨습니다. 한 선생님은 수학 문제 하나를 10분 안에 풀지 못했다면 당장 답지를 보라고 하셨고 다른 한 분은 며칠이 걸리더라도 최대한 답지를 보지 않고 문제를 끝까지 물고 늘어지라고 조언해주셨습니다. 이렇듯 사람마다 그 의견이 많이 엇갈리는데요, 앞으로 소개할 제 방법도 어디까지나 제 의견일 뿐, 절대적인 원칙이 아님을 강조하겠습니다. 그저 어디까지나 참고용으로 봐주시기 바랍니다.

일단 고등학교 3학년이나 재수, n수생이 아니라면 안 풀리는 문제를 일주일 정도는 고민해야 한다고 생각합니다. 여기서 일주일간 고민하라는 건 한 문제를 일주일 동안 계속 생각하라는 얘기가 절대로 아닙니다. 그저 안 풀리는 문제가 있으면 일주일 동안 짬짬이 시간 날 때마다 한 번씩 풀어보라는 말입니다. 특히 고등학교 1, 2학년들은 문제가 쉽사리 안 풀린다고 바로 답지를 보지 말고 안 풀리는 문제는 따로 표시해뒀다가 쉬는 시간이나 주말에 다시 풀어보는 게 좋습니다.

저 같은 경우, 오랫동안 고민해도 안 풀리는 문제가 있으면 일단 휴대폰 카메라로 그 문제를 찍었습니다. 그리고 그 문제는 일단 스킵한 뒤에 야자 끝나고 집에 가서 다시 풀어보거나 주말처럼 시간이 많을 때 다시 한 번 풀어보았습니다. 이렇게 하는 이유는 자신이 스스로 문제를 푸는 것이 해답지를 보고 이해하는 것보다 훨씬 수학 공부에 도움이 되고 기억에도 오래 남기 때문입니다.

게다가 분명 처음에 풀었을 때는 도저히 풀 수 없었을 것 같은 문제들도 조금 시간이 흐른 뒤에 다시 풀면 의외로 쉽사리 풀리는 경우가 많았습니다. 보통 문제가 안 풀리는 이유는 잘못된 방향으로 생각을 고정하기 때문인데 시간이 좀 지나고 다시 풀면 처음과는 다른 방향으로 문제 풀이를 할 때가 많습니다. 이렇게 잘못된 생각을 전환해서 못 풀던 문제를 풀 수 있게 되면 수학 실력이 향상될 뿐 아니라 자신감까지 붙어서 심리적으로 매우 도움이 됩니다.

여기서 제가 기한을 일주일로 설정한 것은 어디까지나 저의 예시일 뿐입니다. 어떤 분들은 3일, 어떤 분들은 2주까지 고민하시는 분들이 있는데, 제 경험상 일주일이 가장 적절한 것 같다고 생각합니다. 그게 아니면 주말에 모르는 문제들을 몰아서 푸는 방법도 있습니다. 예를 들어 월요일부터 금요일까지 수학 문제를 풀면서 잘 안 풀리는 문제를 모아둡니다. 그리고 그 문제들을 토,일요일날 오랜 시간을 고민해 가면서 풀어보는 겁니다. 방법이 어찌됐든 당장 수능이 코앞이 아니라면, 수학 문제를 오랫동안 고민해 보는 것이 빨리 답지를 보는 것보다 더 효과적인 공부법인 것 같습니다.

하지만 고3이나 N수생들처럼 당장 수능 시험이 코앞인 분들에게는 얘기가 달라집니다. 일단 시험이 얼마 안 남았기 때문에 이분들에게는 '시간'이 무엇보다 중요하지요. 따라서 한 문제를 일주일씩이나 고민하는 건 조금 사치일 수도 있습니다. 저 역시 고3 때에는 시간에 쫓기다 보니 한 문제를 여유롭게 고민하지 못했던 것 같습니다. 제 경험상 고3 때에는 한 문제를 30분 정도만 고민하고 정 못 풀겠으면 답지를 봐야 한다고 생각합니다.

고3, N수생들은 수학 실력 자체를 높이는 것도 중요하지만 실전 감각을 키우는 것도 그에 못지않게 중요하기 때문입니다. 실제 수능 시험에서 수학 시험시간은 30문제에 총 100분입니다. 따라서 아무리 어려운 문제라도 최대로 고민할 수 있는 시간은 20~30분 정도죠. 사실 이것도 엄청나게 오래 고민하는 거라 할 수 있습니다. 한 문제로 전체 시험시간의 거의 4분의 1을 쓰는 거니까요. 따라서 수능에 직면한 수험생이라면 최대 30분까지는 고민해보되 그 이상 시간을 끌지는 말고 답지를 보는 게 현명하다고 생각합니다. 30분 동안 고민해도 못 푸는 문제가 있다면 실제 시험에 출제되어도 틀릴 가능성이 농후하기 때문에 '시간이 없어서 못 풀었다'라고 변명하지 말고 그냥 '틀렸다'라고 생각하시기 바랍니다.

하루에 몇 문제씩
풀어야 하나요?

굉장히 많은 학생들이 궁금해 하는 질문이군요. 대체 수학 문제를 하루에 몇 문제씩 풀어야 할까요? 수능 만점자 ○○○은 하루에 수학 문제를 200문제씩 풀었다는 등, 수학 1등급 아이들은 적어도 100문제씩은 푼다는 등 참 여러 가지 의견이 튀어나오는 질문입니다.

그 대답은 '사람마다 다르니 학생에게 적절한 양만큼 푸세요!' 입니다……라고 하면 이 책을 보고 계신 분들이 굉장히 화가 나겠죠? 마치 요리책을 봤는데 정확한 기준 없이 '적절히'로 도배해놓는 것과 비슷한 거죠. 사실 개인마다 적합한 양이 다르지만 제 생각엔 '최소한도'라는 게 존재하는 듯합니다. 즉, '못해도 하루에 이 정도는 풀어야 한다'라는 최소 기준이 있다는 말이죠. 제 경험상 하루에 적어도 30문제는 풀어줘야 한다고 생각합니다. 혹자는 '엥? 30문제면 너무 적은 것 아닌가?'하고 의심쩍어하실 수도 있겠군요. 하지만 제가 말하는 건 단순히 문제 30개를 푸는 것만을 의미하진 않습니다. 일단 왜 30개인지부터 설명해드리자면 수능/모의고사 수학 문제가 30문제가 출제되기 때문입니다. 즉, 하루에 수학 모의고사 한 세트씩 풀자는 얘기입니다. 하지만 단순히 30문제를 풀고 채점하고 끝이 아닙니다. 문제를 풀고 실수한 부분, 시간이 너무 오래 걸렸던 부분, 문제를 틀린 이유, 각 문제에 쓰인 풀잇법과 교과 개념 등을 철저하게 공부하는 겁니다. 장담하건데 30문제를 이런 식으로 공부하면 일단 문제 푸는데 대략 90분 + 분석하는데 대략 90분으로 거의 3시간(180분)을 수학 공부에 투자해야 합니다. 3시간이라고 하니 결코 적은 양이 아니지요?

이때, 중요한 것은 절대로 쉬운 문제만 골라 풀거나 어려운 문제만 골라 풀어서는 안 됩니다. 많은 학생들이 수학 공부를 하면서 하는 실수입니다. 하위권 학생들은 자신의 수학 실력이 부족하다고 느끼기에 2,3점짜리 쉬운 문제만 골라서 푸는 경향이 있습니다. 반대로 상위권 학생들은 수학에 어느 정도 흥미도 있고 실력도 좋기 때문에 자꾸 어려운 문제에만 매달리려는 경향이 있습니다. 하지만 장기적으로 볼 때 난이도를 편식하는 것은 좋지 못한 습관입니다. 하루에 30문제를 푸는 이유는 단순히 수학 실력을 향상시키는 것뿐 아니라 실전 연습의 효과를 얻으려는 것입니다.

수학 모의고사를 한 번이라도 풀어보신 분이라면 아시겠지만 모의고사는 절대로 모든 문제가 다 쉽거나 모든 문제가 다 어렵지 않습니다. 30문제라면 6문제는 쉽고 18문제는 중간 난이도, 6문제는 어려울 정도로 난이도에 따라 문제 수가 적절하게 분배되어 있습니다. 따라서 쉬운 문제만 풀거나 어려운 문제만 푸는 것은 실전 연습에 도움이 되지 않습니다. 따라서 하루에 수학 문제를 풀 때에는 적당히 쉬운 계산 문제와 복잡한 사고를 요하는 문제를 적절히 섞어서 풀어보길 바랍니다.

끝으로, 30문제는 어디까지나 하루에 풀어야 할 최소 문제수입니다. 따라서 30문제만 풀고 수학 공부 끝! 이라는 태도는 좋지 않습니다. 당연한 소리이지만 시간에 여유가 있다면 수학 문제는 최대한 많이 풀수록 실력 향상에 도움이 됩니다.

수학 성적을 떨어뜨리는 요인 중 가장 안타깝고 짜증나는 요인 이죠. 바로 계산 실수입니다. 특히, 어느 정도 수학 실력이 쌓이면 몰라서 틀리는 것보다 아는데 실수해서 틀리는 게 더 많아지죠. 분명 사람인지라 실수할 수는 있지만 그렇다 해도 실수 한 방에 몇 점씩 떨어지는 건 매우 억울한 일이죠. 모의고사 때 실수하면 그냥 쓴웃음 짓고 넘어갈 수 있지만 수능같이 중요한 시험에서 실수하면 매우 허탈할 겁니다. 그렇다면 실수는 과연 어떻게 줄일 수 있을까요? 실수를 줄이는 게 가능하긴 할까요? 결론부터 말하자면 실수를 줄이는 것은 충분히 가능한 일입니다.

실수를 아예 안 하는 건 불가능하지만 실수할 확률을 거의 0에 가깝게 만들 수는 있습니다. 즉, 노력으로 어느 정도 실수를 줄일 수 있다는 말입니다. 그러기 위해서는 몇 가지 단계가 필요한데, 첫 번째는 자신이 실수를 반복할 수 있다는 사실을 인정해야 합니다. 제 이야기를 잠깐 해보자면, 전 단순한 계산 실수로 문제를 틀릴 때마다 세모 표를 했습니다. 맞은 건 아니라서 동그라미를 칠 수는 없지만 그렇다고 완전히 틀린 것도 아니니 가위표 치기는 싫었던 거지요. 특히 마음속으로 '지금은 비록 틀렸지만, 실수만 안 했으면 맞출 수 있었어!'라는 생각을 품으며 자기합리화를 했습니다. 그리고 나중에 문제들을 복습할 때에도 세모표가 쳐진 문제는 대충 보고 넘어갔습니다.

어차피 실수로 틀린 거지 실력이 모자라서 틀린 게 아니라고 생각했던 거지요. 그러다 보니 제가 어떤 부분에서 실수를 했는지 파악하지 못해서 시험에서 비슷한 문제가 나오자 또 실수로 틀렸습니다. 거듭 강조하지만 '실수만 안 하면 맞출 수 있다'라는 생각은 공부하는 사람 입장에서는 매우 위험하고 안일한 생각입니다. 왜냐하면 '실수를 안 하면……'라는 전제가 깔려 있기 때문이죠. 어떤 부분에서 실수를 했는지 본인이 제대로 인지하지 않으면 실수는 언제든지 반복할 수 있습니다. 따라서 자신이 실수를 했음을 인정하는 것은 물론이고 실수를 나중에 또 할 수 있다며 경각심을 가져야 합니다.

실수가 반복될 수 있음을 인정한 다음엔 어찌해야 할까요? 두 번째 단계는 자신이 어느 부분에서 실수했는지를 명확히 인지하는 겁니다. 첫 번째 단계가 마음먹기로 해결된다면 두 번째 단계는 마음먹기만으로는 부족합니다. 자신이 실수한 부분을 반드시 적어야 합니다. 문제지에 직접 표시하든 실수 노트를 만들어 실수한 내용을 적든, 그 방법은 여러분의 자유입니다. 심지어 3+2=6처럼 덧셈과 곱셈을 헷갈렸다는 초보적인 실수들도 모두 적어야 합니다. '에이~ 뭐 그런 걸 일일이 다 적어?'라고 생각할 수도 있겠지만 그런 안일함이 실수의 반복을 초래하는 겁니다. 자주 출제되는 문제에도 유형이 있듯이 자주 하는 실수에도 유형이 있습니다.

제 경우에는 분수를 약분하지 않는 실수를 많이 저질렀습니다. 만약 제가 '에이… 실수해서 짜증 난다. 나중엔 실수 안 하겠지~'하면서 대수롭지 않게 넘어갔다면 수능에서도 똑같은 실수를 저질렀을 겁니다. 그 대신 저는 약분 실수를 할 때마다 실수 노트에 '약분

꿀팁!!! 실수 노트 만들기

실수 노트 만드신다면 되도록 날짜별로 기록하는 것이 좋습니다. 예를 들어 공책 한편에 4월 14일이라고 날짜를 적고, 그 밑에다 그날 문제 풀면서 저질렀던 실수들을 하나도 빠짐없이 적어보는 겁니다. 물론 실수를 안 한 날엔 굳이 적지 않아도 됩니다. 그렇게 하루도 빠짐없이 기록하다 보면, 자신이 반복하는 실수를 좀 더 쉽게 파악할 수 있습니다. 그리고 자신이 실수를 저지르는 빈도가 늘어나는지 줄어드는지 파악할 수 있죠. 막연히 '실수가 줄어드는 느낌이다!'에서 끝나면 곤란합니다. 직접 실수한 내용을 모두 적어서 실제로 실수가 줄어들고 있는지 아니면 이전에 비해 딱히 나아진 점이 없는지 본인이 정확하게 확인해야 합니다. 그러기 위해서 별도로 실수 노트를 하나 만드는 것을 추천해 드립니다.

을 하자!'라고 조그맣게 메모를 했습니다. 별거 아닌 것 같지만 이런 과정이 몇 개월 이상 지속되더니 제 실수가 현저하게 줄어들었습니다.

두 번째 단계까지만 하셔도 실수는 눈에 띄게 줄어들 겁니다. 여기에 '나는 한 치의 실수도 용납할 수 없다! 꼭 만점을 받겠다!'라는 굳은 각오를 가지신 분들이라면 세 번째 단계까지 수행해주시는 게 좋습니다. 세 번째는 실제 시험지에다가 자신이 실수할 만한 포인트를 적는 겁니다. 또 제 경험을 말해보자면, 전 수능 시험지에다가 '부호 실수 ×', '약분하자!'라고 적어놨습니다. 제가 평소에 자주 하는 실수들을 미리 적어서 다시 한 번 머릿속에 각인시키는 거죠. 실제로 이렇게 해보니 문제를 풀 때마다 부호에 좀 더 주의를 기울이게 되고 약분할 때마다 조심스러워지더군요. 문제 풀 시간도 아까운데 그런 걸 언제 다 쓰냐? 라고 반박하시는 분들도 계실 겁니다. 하지만, 시험지에 자신이 자주 하는 실수 2~3개 쓰는데 30초도 안 걸립니다. 하지만, 실수 한 번 하면 적게는 2점에서 많게는 4점이 한 방에 날아가 버리죠. 1점 차이로 대학이 바뀌고 학과가 바뀌는 마당에 4점이 날아가면 어휴…… 상상도 하기 싫네요. 30초만 투자하면 이런 치명적인 실수를 할 확률을 비약적으로 줄일 수 있습니다. 따라서 시간 아깝다고 문제부터 냅다 풀지 말고 차분하게 실수할 만한 내용들을 정리해보는 것도 아주 좋은 방법입니다.

　　많은 논란을 불러일으키는 질문이죠. 실수도 과연 실력인가? 아니면 실수는 그저 실수일 뿐인가? 제 생각엔 '실수도 결국 실력으로 칠 수밖에 없다'입니다. 극단적인 예시로 수능을 들 수 있는데요, 수능에서는 답이 틀리면 계산과정이 얼마나 정답에 가깝든 무조건 오답 처리합니다. 게다가 수능에서는 부분점수 따윈 존재하지 않지요. 무조건 답을 맞혀야 합니다. 이런 시스템에서는 '실수'라는 요소를 부각시킬 수 없습니다. 같은 88점이라도 분명 사람들 간에 실력 차가 존재할 겁니다. 어떤 사람은 88점에 못 미치는 실력인데 찍어서 점수가 올라갔을 수도 있고, 어떤 사람은 원래 90점대의 실력자지만 실수를 해서 88점을 받은 것일 수도 있죠. 입시가 '이상적'이라면 전자보다는 후자가 더 우위를 점해야 합니다. 하지만 현실은 전자와 후자는 무조건 동일하게 취급합니다. 점수로만 따지는 입시의 맹점이지요, 이런 입시제도에서는 실수도 곧 실력입니다. 따라서 '실수를 했을 뿐이지 내 본 실력이 아니야!' 라며 자기 합리화를 하기 보다는 어떻게든 실수를 줄이는 게 중요합니다. 많은 학생들이 실수를 하면 자신의 불운을 탓하지만 실수는 순전히 운으로만 결정되는 것이 아닙니다. 여러분이 의식적으로 노력을 한다면 실수도 얼마든지 줄일 수 있습니다. 따라서 포기하지 마시고 자신이 어떤 실수를 하는지, 그런 실수를 줄이려면 어떻게 해야 하는지 계속 고민하고 노력해야 합니다.

수학

다 풀어놓고도
틀려요

문제를 잘못 읽어서 풀이는 맞았지만 답은 틀려버린 경험 있으신가요? 저도 그렇고 많은 학생들이 그런 경험을 했을 겁니다. 그럴 때마다 정말 눈알을 꺼내서 물로 씻고 싶어지죠. 한 순간 문제를 잘못 본 것 때문에 틀려버리면 정말 억울할 겁니다. 그럼 이런 억울한 실수들을 줄일 수 있을까요? 결론부터 말하자면 이런 어이없는 실수들도 노력과 연습으로 충분히 줄일 수 있습니다. 특히, 문제를 잘못 읽어 틀리는 실수는 의외로 처방이 간단합니다. 하지만, 실수를 그저 운이 나빴다고 생각하여 대수롭지 않게 여긴다면 결국 같은 실수를 반복할 것이고 심하면 수능 같은 중요한 시험 때 반복할 것입니다.

그렇다면 어떻게 실수를 줄일 수 있을까요? 그 방법을 알아보기 전에 흔히 '문제를 잘못 읽는 실수'에는 두 가지 유형이 있습니다.

자신이 어떤 유형의 실수를 더 자주 범하는지 스스로 생각해보시고 그에 맞는 대처법을 읽어보시기 바랍니다.

_ 구하라는 걸 안 구하고 딴 걸 구해요

보통 수학 문제를 보면, 문제 맨 마지막에 '○○○을 구하여라.' 라는 말로 끝나는 경우가 많습니다. 이때 ○○○을 잘못 봐서 틀려버리는 학생들이 아주 많습니다. 즉, 문제를 거의 다 풀어놓고도 마지막에 구하라는 걸 제대로 구하지 않고 자기 멋대로 다른 걸 구해서 틀려버리는 겁니다. 저도 역시 이런 실수를 자주 했는데요, 한 가지 예를 들자면 아래와 같습니다.

$$\int_0^6 f(x)dx = \frac{q}{p} \text{ 일 때, } p+q \text{의 값을 구하시오.}$$
(단, p와 q는 서로소인 자연수이다.) [4점]

[출처: 2016학년도 수능 수학B형 30번]

수능 수학의 경우, 주관식 답은 항상 1부터 999까지의 자연수입니다. 따라서 분수나 음수, 무리수는 주관식 답으로 마킹할 수가 없습니다. 따라서 문제의 답이 OMR 카드에 마킹할 수 없는 분수, 음수, 무리수 등이면, 숫자를 조금 조작해서 마킹할 수 있는 자연수로 바꿔줘야 합니다.

예를 들어 위의 문제에서는 원래 답이 $\frac{q}{p}$ 분수 꼴입니다. 하지만, 분수는 OMR 에 마킹할 수 없기 때문에, $p+q$를 구하라는 거지요.

이때, 간혹 문제를 잘 푸는 상위권 학생들 중에 이런 분들이 계십니다. 바로 $\frac{q}{p}$까지는 정확히 구한 다음에 엉뚱하게 p^2+q^2이나 pq를 구해버려서 다 푼 문제를 틀려버리는 겁니다. 몇 가지 예시를 더 볼까요?

> 중심이 원점이고 반지름의 길이가 1인 구 위의 점 Q에 대하여 $\overrightarrow{AP} \cdot \overrightarrow{AQ}$ 의 최댓값이 $a+b\sqrt{33}$ 이다. $16(a^2+b^2)$의 값을 구하시오. (단, a, b는 유리수이다.) [4점]

[출처: 2016학년도 수능 수학B형 29번]

이 문제 역시 답이 OMR에 마킹할 수 없는 무리수가 나왔습니다. 따라서 무리수를 1과 999사이의 자연수로 바꾸기 위해 a^2+b^2을 구하라고 하는군요. 마찬가지로 a, b는 각각 제대로 잘 구해놓고, 뜬금없이 ab나 $a+b$를 구해버리는 분들이 계십니다. 정말 안타깝죠.

> 선분 HQ의 길이를 $L(\theta)$라 하자. $\lim_{\theta \to +0} \frac{S(\theta)}{L(\theta)} = k$일 때,
> $60k$의 값을 구하시오. (단, $0 < \theta < \frac{\pi}{6}$ 이고, O는 원점이다.)
> [4점]

[출처: 2016학년도 수능 수학B형 28번]

이 문제도 마찬가지입니다. 미리 스포일러를 하자면, 이 문제를 제대로 풀면 k값이 $\frac{1}{2}$이 나옵니다. 이 수는 OMR 카드에 마킹할 수가 없습니다. 따라서 k에다가 적당한 수를 곱해서 자연수를 만들어줘야 하죠. 이 문제에서는 k에다가 60을 곱해서 자연수를 만들라고 했군

요. 하지만, k값까지는 제대로 구하고 본인 마음대로 100을 곱하거나, 아니면 1+2=3을 답으로 적는 분들이 많습니다.

지금까지 문제를 다 풀어놓고도 틀리는 전형적인 예시를 몇 개 보여드렸는데요, 혹시 찔리시는 분이 계시나요? 이런 실수를 했다는 것 자체는 아무 문제가 안 됩니다. 중요한 건 이러한 실수를 앞으로 안 하려고 노력해야 한다는 점이죠. 이런 실수들은 어떻게 줄일 수 있을까요? 답은 매우 쉽습니다. 바로 마지막에 구하라는 것에 표시를 하는 겁니다. 표시는 여러분 마음대로 하셔도 상관없습니다. 저 같은 경우에는…

선분 HQ의 길이를 $L(\theta)$라 하자. $\lim\limits_{\theta \to +0} \dfrac{S(\theta)}{L(\theta)} = k$일 때,

$60k$의 값을 구하시오. (단, $0 < \theta < \dfrac{\pi}{6}$이고, O는 원점이다.)

[4점]

이런 식으로 문제에서 구하라는 것에 동그라미를 칩니다. 당연한 얘기지만, 동그라미를 치든, 세모를 치든, 밑줄을 긋든 전혀 중요하지 않습니다. 명심해야 할 건 자신이 스스로 표시를 해야 한다는 겁니다. 이렇게 표시하는데 5초도 안 걸립니다. 딱 5초만 투자해서 어이없는 실수를 대폭 줄일 수 있으니 시도해볼 가치는 충분하죠?

_ 문제를 제대로 안 읽어요

수능 수학 문제가 어려운 이유가 뭘까요? 물론 여러 가지 이유

가 있겠지만, 그중에서 하나를 꼽자면 바로 문제 자체가 길고 복잡하다는 것을 들 수 있습니다. 아래의 두 문제를 한 번 비교해 볼까요?

---

6. 두 사건 A, B에 대하여

$$P(A) = \frac{2}{5}, \quad P(B|A) = \frac{5}{6}$$

일 때, $P(A \cap B)$의 값은? [3점]

① $\frac{1}{3}$ ② $\frac{4}{15}$ ③ $\frac{1}{5}$ ④ $\frac{2}{15}$ ⑤ $\frac{1}{15}$

---

26. 어느 회사의 직원은 모두 60명이고, 각 직원은 두 개의 부서 A, B 중 한 부서에 속해 있다. 이 회사의 A 부서는 20명, B 부서는 40명의 직원으로 구성되어 있다. 이 회사의 A 부서에 속해 있는 직원의 50%가 여성이다. 이 회사 여성 직원의 60%가 B 부서에 속해 있다. 이 회사의 직원 60명 중에서 임의로 선택한 한 명이 B 부서에 속해 있을 때, 이 직원이 여성일 확률은 p이다. $80p$의 값을 구하시오. [4점]

[출처: 2016학년도 수학A형 6번/26번]

자, 두 문제 중에 어느 문제가 더 풀기 쉬워 보이나요? 일단 척 보기에도 밑의 문제가 더 어려워 보입니다. 왜 그럴까요? 여러 가지 이유가 있겠지만, 일단 문제 길이부터 차이가 심합니다. 그럼 실제로 훑어봐도 밑의 문제가 위의 문제보다 훨씬 어려울까요? 놀랍게도 풀이 자체는 두 문제가 거의 동일합니다. 즉, 단순히 풀이만 놓고 보면 두 문제의 난이도는 비슷한 수준이라는 거죠. 그럼 왜 위의 문제는 3점이고 밑의 문제는 4점인가? 그건 밑의 문제가 단순히 수학 지식만을 물어보는 것이 아니라 정보 활용능력까지 요구하기 때문입니다. 긴 텍스트에서 문제를 풀기 위해 필요한 조건이나 숫자들을 잘 찾아내는 능력을 테스트하는 거죠. 하지만, 학생들은 긴 글을 읽는데 익숙하지 않으며 정보량이 많으면 그중에 한두 개의 중요한 정보를 놓쳐버리는 일이 많습니다. 특히 밑의 문제처럼 수식보다는 말(텍스트)로 풀어 쓰인 경우에 그런 현상이 두드러집니다. 혹시 복잡하고 길게 쓰인 문제에서 조건을 몇 개 놓쳐서 못 풀거나 시간을 오래 소모한 경험이 있으신가요? 저 같은 경우에는 시간에 쫓기느라 문제를 빨리 읽는 습관이 있는데, 그러다 보니 중요한 조건을 한두 개 놓쳐서 오히려 시간을 낭비했던 적이 많았습니다. 이런 실수를 방지하려면 어떻게 해야 할까요? 심리적인 방법과 물리적인 방법, 2가지 서로 다른 방법이 존재합니다.

심리적인 방법부터 살펴보겠습니다. 문제를 제대로 읽지 않고 풀게 되는 이유는 대부분 시간에 쫓기기 때문입니다. 하지만, 시간을 아끼려다가 오히려 시간을 낭비하게 되는 아이러니가 발생하죠. 따라서 다른 과목도 마찬가지이지만, 특히 수학 시험에서는 마음을 조금 여유롭게 가지고 문제를 한 글자씩 차근차근 읽는 게 좋습니다. 문제를 느리게 읽으면 시간이 부족해지지 않을까? 라고 생각하는 분들이 계실 겁니다. 하지만 의외로 학생들이 시간에 가장 덜 쫓기는 과목이 바로 수학입니다. 수학 시험에서는 100분당 30문제를 풀어야 합니다. 단순 계산하면 한 문제당 3분 20초 정도 안에 풀어야 합니다. 하지만, 수학 모의고사를 한 번이라도 풀어본 학생이라면 아실 겁니다. 1부터 10번까지는 조금만 연습하면 한 문제당 1분 안에 풀 수 있다는 것을 말이죠. 심지어 맨 첫 페이지의 4문제들은 한 문제당 20초 안에 풀어버릴 수 있습니다. 이렇게 쉬운 문제들을 별 고민 없이 슥삭슥삭 풀어버리면 길고 복잡한 고난도 문제에 쓸 수 있는 시간이 비약적으로 많아집니다. 게다가 수학 문제를 자세히 읽어봤자 평소보다 30초에서 1분 정도만 더 투자할 뿐입니다. 하지만, 문제를 제대로 읽지 않아서 헤매면 대개 1분 이상의 시간 손실이 발생하며 최악의 경우 문제를 틀려버릴 수 있습니다. 따라서 문제 읽는 데에 시간을 좀 더 투자해서 정답률을 높이고 시간손실을 줄이는 것이 훨씬 이득이라는 겁니다. 따라서 평소에 문제를 너무 후다닥 읽어버리는 학생들은 살짝 마음의 여유를 갖고 차분히 문제를 정독해보시기 바랍니다. 급할수록 돌아가라는 말이 있듯이 너무 시간에 쫓기지 마시기 바랍니다.

그럼 물리적인 방법은 뭐가 있을까요? 사실 별거 아니지만 습관만 들인다면 아주 효과적인 방법입니다. 바로 조건마다 표시를 하거나 시각화를 하는 겁니다. 예를 들어 앞서 보여드린 26번 문제를 예로 들어봅시다. 26번처럼 문제가 길고 여러 가지 숫자들이 마구 튀어나오는 문제는 학생 본인이 한 눈에 보기 좋도록 시각화를 시켜야 합니다.

26. 어느 회사의 직원은 모두 60명이고, 각 직원은 두 개의 부서 A, B 중 한 부서에 속해 있다. 이 회사의 A 부서는 20명, B 부서는 40명의 직원으로 구성되어 있다. 이 회사의 A 부서에 속해 있는 직원의 50%가 여성이다. 이 회사 여성 직원의 60%가 B 부서에 속해 있다. 이 회사의 직원 60명 중에서 임의로 선택한 한 명이 B 부서에 속해 있을 때, 이 직원이 여성일 확률은 p이다. $80p$의 값을 구하시오. [4점]

이 문제를 시각화시켜 볼까요? 퍼센트(%)가 뭔지만 안다면 별다른 수학 지식 없이 누구나 할 수 있으므로 독자 여러분들도 한 번 시도해보세요! 다양한 방법이 존재하겠지만 저 같은 경우에는 이렇게 시각화를 할 것 같군요.

	A	B
남자	10	25
여자	10	15
합계	20	40

이렇게 도표로 시각화시키면 좀 더 보기 편하죠? 만약 문제의 조건이 너무 많아서 한 번에 이해하기가 힘들다면 이렇게 보기 쉽게 바꿔주는 것도 좋은 방법입니다.

시간 배분을
어떻게 해야 할까요?

수능 수학 시험은 다음과 같이 진행됩니다.

	유형	문 항 수	문제유형	배점	총점	시험시간
수학 (택 1)	가형	30	1~21번 5지선다형, 22~30번 단답형	2, 3, 4	100점	100분
	나형					

　전체 시험시간은 100분이며 총 문항 수는 30개입니다. 따라서 단순 계산하면 1문제당 3분 20초 이내에 풀어야 합니다. 하지만, 모든 문제에 3분 정도의 시간을 균일하게 쓰는 건 사실상 불가능에 가깝습니다. 쉬운 문제는 30초에서 1분 이내, 중간 난이도의 문제는 2~3분, 고난도 문제는 4~5분, 킬러 문제는 10분 정도의 시간이 걸리는 경우가 대부분입니다. 일단 문제의 난이도별로 투자해야 할 시간을 간략하게 나타내 보겠습니다.

쉬운 문제	보통 문제	어려운 문제	킬러 문제	검토+마킹
10문항	10문항	7문항	3문항	
8분	20분	30분	30분	12분
총합 100분				

(위의 표는 어디까지나 예시일 뿐 꼭 얽매일 필요는 없습니다.)

대개 쉬운 문제는 하나당 1분 이내로 풀 수 있는 경우가 많습니다. 특히, 맨 앞장의 4문제는 정말 단순한 계산문제들로 하나당 30~40초 안에 해결할 수 있습니다. 평소 수학 시험에서 시간이 모자라는 학생들은 우선적으로 계산문제를 빠르게 푸는 연습을 해줘야 합니다. 쉬운 문제를 빨리 풀어서 시간을 절약하는 것이 후반부 고난도 문제를 푸는 데 있어서 상당히 큰 도움이 됩니다.

보통 문제는 주로 3점, 쉬운 4점짜리 문제들입니다. 기출에서 반복적으로 등장하는 문제들이 대부분이며 풀이 방법 또한 정형화되어 있습니다. 따라서 기출문제만 여러 번 풀어도 충분히 시간을 단축할 수 있습니다. 이런 문제들은 보통 2분 정도 안에 풀어야 합니다. 특히, 보통 난이도의 문제들은 기출문제를 얼마나 열심히 풀었느냐에 따라 단축할 수 있는 시간이 개인별로 차이가 극심합니다. 한 문제당 쓸 수 있는 시간이 3분이라 해서 이런 문제들까지 3분 동안 붙잡고 있으면 후반부에 등장하는 고난도/킬러 문제들을 풀 시간이 부족해집니다.

어려운 문제들의 경우, 4점짜리가 대부분이며 꽤 높은 수준의 사고력을 요하고 계산도 복잡합니다. 따라서 쉬운/보통 문제들처럼

1~2분 안에 풀기가 벅차죠. 따라서 고난도 문제들부터는 문제마다 충분히 시간을 투자해야 하기에 대략 한 문제당 4분 정도의 시간을 쓰는 것이 바람직합니다. 한 문제당 3분이라는 제한시간에 너무 얽매이지 말고 시간이 좀 걸리더라도 정확히 풀어서 맞춘다! 라는 생각을 가지는 게 좋습니다.

킬러 문제들의 경우 흔히 등급을 가르는 문제라고 불립니다. 2등급과 3등급, 2등급과 1등급, 1등급과 만점을 가르는 문제들이며 당연히 4점짜리들이고 난이도가 매우 높습니다. 이런 문제들은 대부분 문제 길이가 길고 조건도 추상적이고 복잡합니다. 따라서 문제를 이해하는 것만 해도 꽤 많은 시간을 쓰게 됩니다. 또한 풀이도 길고 계산도 다소 까다로운 경우가 많아서 문제 푸는 데에도 많은 시간을 할애해야 합니다. 이런 문제를 풀 때에는 몇 분이 걸려도 상관없으니 자신이 풀 수 있는 만큼 최대한 푼다는 마음가짐이 필요합니다. 정말 어려운 문제들은 한 문제에 10분씩 쓸 수도 있습니다. 문제 푸는 데 오래 걸린다고 너무 초조해하지 말고 차분히 문제 풀이에 집중할 수 있어야 합니다.

이렇듯 수학의 경우, 문제 난이도마다 투자해야 할 시간이 천차만별입니다. 따라서 쉬운 문제는 빠르게, 어려운 문제는 충분히 고민하면서 풀도록 연습해야 합니다. 명심해야 할 건 수능 수학은 빨리 푼다고 점수를 절대로 더 주지 않는다는 점입니다. 50분 만에 다 풀어서 100점을 맞든, 100분을 알차게 다 써서 100점을 맞든, 어차피 똑같은 100점입니다. 따라서 시간에 대한 지나친 강박증은 버리고 문제의 난이도에 맞게 적절히 시간을 배분해야 합니다.

지금까지 문제의 난이도별로 어떻게 시간을 배분해야 하는지를 살펴봤습니다. 하지만 문제 푸는데 쓰는 시간만큼 중요한 것이 검토에 쓰는 시간입니다. 특히 중하위권 학생들이 흔히 하는 실수가 바로 검토할 시간을 확보하지 못하는 것입니다. 한 문제를 풀 때마다 실수 없이 정확히 풀어서 검토를 할 필요가 없다면 물론 가장 좋겠지요. 하지만, 현실은 그렇지 못합니다. 아무리 수학 실력이 뛰어나더라도 사람인 이상 항상 실수를 할 가능성이 있기 때문에 검토할 시간을 확보하는 것이 매우 중요합니다. 평소 모의고사를 볼 때에도 검토할 시간을 10분 이상 확보해두는 연습이 필요합니다. 검토 시간에는 자신이 평소 자주 실수하는 문제를 다시 풀 수 있고 풀다가 막혀서 패스한 문제를 다시 풀 수 있지요. 파도처럼 요동치는 것이 아닌 안정적인 수학 점수를 원한다면 충분한 검토시간을 확보하는 것이 매우 중요합니다.

영어

수능 영어!
어떤 형식으로 출제되나요?

싸우기 전에 상대방을 정확히 파악하면 그만큼 승률이 올라가겠죠? 시험도 마찬가지입니다. 우선, 수능 영어가 정확히 어떤 형식으로 출제되는지를 살펴봅시다.

	문항수	문제유형	배점	총점	시험시간	참고
영어	45개	5지선다형 듣기 17문항 독해 28문항	2, 3점	100점	총 70분 듣기 약 25분	EBS 연계율 70%

기본 출제 유형		
1. 글의 목적 파악	7. 문맥 속 문법성 판단	13. 무관한 문장 찾기
2. 주제 추론	8. 지칭 대상 파악	14. 글의 순서 정하기
3. 요지 추론	9. 세부 내용 파악	15. 문장 넣기
4. 제목 추론	10. 도표 정보 파악	16. 문단 요약
5. 어조/분위기/심경 파악	11. 빈칸 채우기	17. 한 지문 + 두 문항
6. 문맥 속 어휘 추론	12. 연결어 넣기	18. 한 지문 + 세 문항

수능 영어는 70분 동안 45문제를 푸는 형식입니다. 모든 문제는 5지선다형 객관식입니다. 이때, 다른 영역에는 없는 '듣기' 파트가 존재하며 듣기 시간은 대략 25분 정도입니다. 따라서 대략 25분 동안 듣기 17문제를 풀고 나머지 45분 동안 독해 25문항을 풀게 됩니다. 물론, 듣기 시간에 독해 문제를 풀어도 전혀 문제없습니다.

실제 수능 문제를 한 번 살펴볼까요?

---

22. 다음 글의 주제로 가장 적절한 것은?

Twin sirens hide in the sea of history, tempting those seeking to understand and appreciate the past onto the reefs of misunderstanding and misinterpretation. These twin dangers are temporocentrism and ethnocentrism. Temporocentrism is the belief that your times are the best of all possible times. All other times are thus inferior. Ethnocentrism is the belief that your culture is the best of all possible cultures. All other cultures are thus inferior. Temporocentrism and ethnocentrism unite to cause individuals and cultures to judge all other individuals and cultures by the "superior" standards of their current culture. This leads to a total lack of perspective when dealing with past and / or foreign cultures and a resultant misunderstanding and misappreciation of them. Temporocentrism and ethnocentrism tempt moderns into unjustified criticisms of the peoples of the past.

① distinct differences in the ways of recording history
② universal features discovered in different cultures
③ historians' efforts to advocate their own culture
④ pros and cons of two cross-cultural perspectives
⑤ beliefs that cause biased interpretations of the past

[출처: 2016학년도 수능 영어 22번]

수능 영어 문제는 대부분 하나의 지문을 읽고 하나의 문제를 푸는 형식입니다. 문제는 한글로 쓰여 있으며, 지문은 100% 영어이고 보기는 영어일 수도 있고 한글일 수도 있습니다. 수능 영어의 독특한 점이라면 문제 유형이 거의 일정하다는 것입니다. 표에서 제시된 것처럼 수능 영어에는 18개의 기본 출제 유형이라는 것이 존재합니다. 독해 문제 28개는 이 18개의 유형을 골고루 섞어서 출제되는 편입니다. 이때 몇몇 유형은 한 시험에서 여러 번 출제됩니다. 예를 들어 2016학년도 수능에서는 '빈칸 추론' 문제가 무려 4개나 출제되었습니다. 수능 영어 시험의 문제 스타일과 기본 출제 유형에 익숙해지면 수능 영어를 훌륭한 점수 공급원으로 쓸 수 있습니다.

수능 영어!
전체적인 공부 방향은?

영어를 논하자면 수능 3대장이라고 할 수 있는 국/영/수의 한 축을 담당하시는 분이죠. 오늘도 수없이 많은 수험생들이 영어 때문에 골치를 썩이고 있을 겁니다. 과연 수능 영어는 어떻게 대비해야 할까요? 우선 영어 공부에 있어서 가장 중요한 것이 뭘까요? 문법, 구문, 문장 구조 등등 영어에서 중요한 것들은 많이 있지만 가장 중요한 것은 뭐니 뭐니 해도 '단어'라고 할 수 있습니다. 일단 어휘력이 탄탄하면 수능 수준의 지문을 독해하는 것은 쉬운 일입니다. 왜냐하면 수능 지문의 길이는 한 지문당 기껏해야 20줄 내외이기 때문입니다. 20줄이라고 하니 왠지 엄청 길어 보이지만 국어 비문학이나 문학 지문과 비교해보세요. 분량 면에서 영어가 압도적으로 적습니다. 게다가 영어 지문들은 일종의 '비문학' 지문이지만 국어의 비문학 지문처럼 복잡한 글이 절대로 아닙니다. 극소수의 초고난도 지문을 제외하면 어휘력과 기본적인 해석 능력만 있다면 쉽게 이해할 수 있는 수준의 글들뿐이죠.

즉, 수능 영어 공부에 있어서 핵심은 어휘력과 해석능력, 이 두 가지 능력이라 할 수 있습니다. 흔히 사교육 영어 강사들을 보면 문제 유형별 풀잇법이나 독해 스킬 등을 강조합니다. 물론, 수능 영어에 있어서 그런 요소들 또한 매우 중요합니다. 특히, 1등급이나 만점을 노리는 상위권 학생들에게는 자신만의 문제 풀잇법이나 독해 스킬들을 익히는 것이 상당히 중요합니다. 하지만, 그건 어디까지나 상위권 학생들 이야기고, 중, 하위권 학생들에게는 기본적인 어휘력과 해석 능력 배양이 더 중요합니다. 유형별 공략이나 독해 스킬은 그다음에 해도 충분합니다.

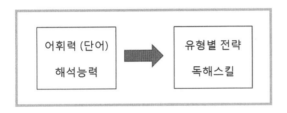

수능 영어를 공부하는 전체적인 계획을 도식화하면 위와 같습니다. 이건 제 개인적인 의견이 아니라 평가원에서 직접 밝힌 내용입니다. 아래는 평가원이 발표한 2017학년도 수능 시행 기본계획서입니다. 영어 영역에 관한 부분을 살펴보죠.

　　보시다시피 '대학에서 수학(공부)하는데 필요한 영어 사용 능력'을 평가한다고 나와 있군요. 다시 말해 기본적인 독해 능력을 테스트하겠단 소리입니다. 게다가 '어휘'를 반복해서 강조하고 있군요. 수능을 직접적으로 출제하는 기관인 평가원도 독해 능력과 어휘의 중요성을 인정하는 거라 할 수 있죠. 그럼 어휘력과 해석 능력이 중요하다는 걸 이제 충분히 알겠으니 직접적인 공부계획에 대해 논해보겠습니다.

　　우선, 가장 먼저 어휘력을 키워야 합니다. 어휘력을 키우려면 특별한 방법이 있는 건 아니고 단어 책을 하나 사서 외우는 겁니다. 이때 말하는 단어 책은 어디까지나 수능 영어 수준의 단어 책입니다. 지나치게 어려운 토익, 텝스, 경찰대, 사관학교 대비용 단어 책을 말하는 것이 아닙니다! 단어 책을 구했다면 책 한 권을 2달(60일) 안에 모두 보는 것을 목표로 공부합니다. 물론 40~50일쯤 지나면 첫째 날에 외웠던 단어들은 대부분 까먹어 버립니다. 그렇기에 2달이 지나면 다시 처음부터 다시 외우는 겁니다. 이렇게 단어 책 하나를 수능 직전까지 반복적으로 보는 겁니다. 사실 수능에서 요구하는 단어 수준은 여러분이 생각하는 것만큼 높지 않습니다. 따라서 수능 영어를 대비하기 위해서는 전문적이고 어려운 어휘를 많이 아는 것보다는 기본적인 어휘를 탄탄하게 외우고 하나의 단어가 가진 여러 가지 뜻, 반의어, 유의어, 비슷하게 생겨서 헷갈리는 단어, 숙어 등을 위주로 공부하는 게 좋습니다.

단어와 함께 가장 중요한 요소를 꼽히는 해석 능력은 어떻게 기를 수 있을까요? 독자분들 입장에서는 조금 화날 수도 있겠지만 '여러 번 스스로 해석해보는 것'이 가장 효과적인 방법입니다. EBS나 기출에 제시된 영어 지문을 답지를 보지 않고 자신이 직접 한 줄 한 줄 해석해 보는 겁니다. 한 줄씩 혼자서 해석하다 보면 분명 해석이 잘 안 되는 문장이 나타나게 되며 그 문장들이 여러분의 영어 실력 향상에 큰 도움을 줄 겁니다. 해석하다가 막히는 문장만 따로 노트에다 정리해서 문장을 해석하는 방법을 필기해놓으시기 바랍니다. 처음에는 굉장히 번거롭고 귀찮지만 어차피 해석하기 힘든 문장들은 몇 가지 유형으로 정형화되어 있는 편이며 처음에만 확실하게 정리해두면 두고두고 써먹을 수 있습니다.

영어

영어 단어장!
어떤 걸 써야 할까요?

　　탄탄한 기초 어휘력을 위한 영어 단어장을 고를 때에는 항상 '수능' 그리고 '기본'이라는 키워드가 들어가야 합니다. 수능에 빈출되는 기초 단어가 부족한 상태에서 1등급, 만점을 위한 고난도 어휘나 수능 난이도를 초월한 경찰대/사관학교, 토익/텝스 단어장을 보면 도움을 얻기보다는 좌절을 맛볼 가능성이 큽니다. 따라서 되도록 쉽고 단어수가 많은 단어장을 고르는 것이 좋습니다. 그리고 단어장을 사기 전에 꼭 책을 펼쳐서 내용 구성을 살펴봐야 합니다. 파생어, 동의어, 반의어, 예문, 비슷하게 생겨서 헷갈리는 단어, 숙어 등이 풍부하게 실려 있는지를 확인해야 합니다. 특히, 단어들을 과학, 종교, 인문, 예술같이 주제별로 정리하거나 어원별로 정리해놓은 단어장이 어휘력을 늘리는데 많은 도움이 됩니다. 일단 단어별로 관련성이 있으니 외우기 쉽고 한 단어를 외우면 저절로 다른 단어들까지 연상되기 때문이지요. 저 같은 경우 '능률 Voca 어원 편'이란 단어 책을 고등학교 1학년부터 수능 직전까지 계속 반복해서 봤습니다. 이 책은 어원이 같은 단어를 한 데 묶어서 수록했기 때문에 비슷하게 생긴 단어들을 같이 공부할 수 있어서 효과적이었습니다. 어떤 단어 책을 살지 고민되시는 분들이라면 당장 근처 서점으로 가서서 일단 책들을 펼쳐보시기 바랍니다. 그리고 단어에 관한 다양한 정보들이 수록되어 있는지 확인해보시기 바랍니다.

일단 마음에 드는 단어 책을 하나 골랐다면 그 한 권을 반복적으로 보는 것이 효과적입니다. 수능에서 학생들에게 요구하는 어휘 수준은 여러분이 생각하는 것처럼 그렇게 높지 않습니다. 오히려 쉽고 기본적인 어휘가 가지고 있는 여러 가지 뜻이나 숙어 표현을 더 많이 물어봅니다. 따라서 단어 책 한 권을 다 봤다고 다른 단어 책을 새로 사기보다는 기존에 보았던 단어 책을 다시 보면서 까먹은 내용이 없는지, 미처 보지 못했던 내용은 없는지 꼼꼼하게 복습하는 것이 더 효과적입니다. 게다가 시중에 출판되는 수능 단어책의 경우 단어 구성이 거지반 비슷하기 때문에 여러 권의 단어 책을 살 필요는 없습니다.

단어 공부는
어떻게 할까요?

단어 책을 샀으니 이제 본격적으로 단어 공부를 해봅시다. 그냥 무작정 단어를 막 외우면 모든 게 해결되는 걸까요? 물론 단어책의 모든 내용을 한 글자도 빠뜨리지 않고 외운다면 너무 좋겠지요. 하지만 그러려면 굉장히 많은 노력과 시간이 필요할 겁니다. 학생들이 수능을 준비할 시간은 제한되어 있습니다. 특히, 수능을 코앞에 둔 수험생들은 말할 필요도 없지요. 그렇다면 어떻게 해야 단어 공부를 좀 더 효율적으로 할 수 있을까요? 평가원이 제시한 단어 공부법은 다음과 같습니다.

> • 교육과정의 기본 어휘와 함께 시험 과목 수준의 어휘 중에서 사용 빈도가 높은 것을 사용하여 출제함.

[출처: 한국 교육과정 평가원, 2017학년도 수능 시행기본계획서]

기본 어휘와 더불어 시험에서 사용빈도가 높은 어휘를 중심으로 공부해야 함을 알 수 있습니다. 즉, 단어를 외우되 시험을 고려해서 외우라는 말이지요. 따라서 무작정 단어장만 외우지 말고 기출에 등장한 단어를 같이 외워줘야 합니다. 그럼 기본 어휘와 빈출 어휘를 둘 다 잡으려면 어떻게 해야 할까요? 단어 공부법에 반드시 따라야 할 '원칙'이 있는 것은 아니지만 저는 이런 식으로 공부하시길 추천해드립니다.

disappear	(동) 1. 사라지다, 없어지다
dis(not) + appear(보이다) = 보이지 않다	(유의어) vanish, fade
	(반의어) appear, show up
	2. 소멸하다
	disappearance (명) 1. 실종 2. 소멸
	(예) My cat disappeared from yesterday.

일반적인 단어장은 이런 식으로 구성되어 있죠. 먼저 큼지막하게 표제어가 나오고 그 표제어를 쉽게 외울 수 있는 단서가 제시됩니다. 단어의 품사와 대표적인 뜻이 쓰여 있고 유의어와 반의어가 나와 있습니다. 그리고 이 단어로부터 파생된 또 다른 단어가 제시되어 있고 마지막으로 이 단어를 활용한 예문이 나와 있네요. 처음 이 단어를 공부한다고 하면, 여기에 있는 모든 정보를 기억하기는 힘들 겁니다. 따라서 처음에는 표제어와 대표적인 뜻 1~2개만 정확히 기억하려고 노력하세요. 그리고 두 번째 복습할 때에는 유의어와

반의어, 파생어까지 함께 외워주는 겁니다. 한 번에 잘 안되면 나눠서 외워도 됩니다. 어차피 하나의 단어장을 여러 번 복습할 것이기 때문이죠. 3달에 한 번씩 정독한다고 하면 1년에 무려 4번이나 복습할 수 있습니다. 따라서 초반에 모든 걸 기억하려고 조바심 낼 필요가 전혀 없습니다. 중요한 건 반복적으로 암기하면서 모든 내용을 장기 기억으로 만드는 겁니다. 각 단어뿐 아니라 그 단어에 딸려오는 많은 정보들을 기억한다면 기초 어휘력이 탄탄해질 수밖에 없죠.

decades of evidence that dominating instruction with a system of controlling external rewards may contribute to inferior learning, using a pedagogy based on theories of intrinsic motivation appears to be a more reasonable and effective approach to enhancing learning among culturally diverse students.

[출처: 한국 교육과정 평가원, 2016학년도 수능 영어 21번]

개인적으로 보는 단어장에다 기출문제에서 등장하는 어휘들로 보충해주면 수능을 위한 탄탄한 어휘력이 완성됩니다. 특히 기출에서 배운 어휘와 단어장에서 배운 어휘의 유의/반의/파생 관계 등을 고려하면서 공부하면 암기한 단어들 사이의 연관성이 높아져 더 오랫동안 정확하게 기억할 수 있습니다.

영어

문법은 따로
공부해야 할까요?

가끔 지나치게 어려운 교재로 문법 공부를 하시는 분들이 계시는데 영어 실력 자체를 향상시키는 데에는 좋은 방법일진 몰라도 수능 영어를 대비하는 데 있어서는 다소 비효율적인 공부법입니다.

왜냐하면 수능 영어 문제가 물어보는 문법 지식이 생각보다 높지 않기 때문입니다. 기본적인 문법이라 할 수 있는 주어-동사의 수일치, 동사/준 동사 구분, 관계대명사, 관계부사, 동사 시제, 형용사/부사 구분 정도가 수능에 자주 출제됩니다.

따라서 평소 문법 지식이 부족하다 느껴지면 어법 교재를 하나 구입해서 공부하시되 되도록이면 고난도에 중점을 둔 교재보다는 기출문제 위주로 된 교재를 사시기 바랍니다. 또한 수능 영어를 대비하는 데 있어서 문법 지식을 외우는 것보다는 직접 기출문제의 지문을 해석하면서 그때그때 필요한 지식을 학습하는 게 더 낫습니다.

그래야 수능 영어에서 요구하는 문법 수준이 어느 정도인지 파악할 수 있기 때문이지요.

EBS와 기출 중
무엇이 더 중요한가요?

사람마다 의견이 많이 엇갈리는 질문이군요. 먼저, 지금부터 말하는 건 어디까지나 제 경험을 바탕으로 한 개인적인 의견일 뿐 절대로 '원칙'이나 '사실' 같은 것이 아님을 밝힙니다. 제 생각엔 영어에서만큼은 기출보다는 EBS 연계 교재가 더 중요하다고 생각합니다. 그 이유는 일단 다른 영역들과 비교되는 영어만의 독특한 특징 때문입니다. 우선 평가원 출제 방침을 살펴봅시다.

> • 고등학교 교육과정에 제시된 영어 교과의 영어 I, 영어 II 과목을 바탕으로 다양한 소재의 지문과 자료를 활용하여 출제함.

[출처: 한국 교육과정 평가원, 2017학년도 수능 시행기본계획서]

보시면 수능 영어는 겉보기엔 영어 1, 영어 2 에서 출제하는 것 같지만, 사실 '다양한 소재의 지문과 자료'를 출제하기 때문에 시험

범위가 없다고 해도 과언이 아닙니다. 영어 지문의 경우 대부분 비문학이며 그 주제도 경제, 정치, 예술, 사회, 과학, 법 등 정말로 다양합니다. 또한 한 번 수능에 출제된 지문은 절대로 다시 출제되지 않지요. 매년 수능을 볼 때마다 새로운 내용의 지문이 출제됩니다. 따라서 영어를 대비하기 위해서는 영어 '문제' 자체도 중요하지만 '다양한 주제의 지문'도 매우 중요합니다. 이런 다양한 주제의 지문을 공부하기에 적합한 교재가 바로 EBS 연계 교재입니다. 게다가 영어의 경우 체감 연계율이 다른 과목에 비해서 상당히 높은 편이며 연계로 인한 이득이 가장 큰 과목입니다. 저 역시 수능에서 다른 과목은 몰라도 영어 연계만큼은 효과를 톡톡히 보았습니다.

특히, EBS 지문이 빈칸, 순서 추론, 문장 삽입 등 고난도 유형으로 연계될 시 그 메리트는 엄청나다고 할 수 있습니다. 영어 독해 문제는 어려운 유형이라 해도 한 문제당 2분~2분 30초 안에 풀어줘야 시간이 모자라지 않는데, 연계 문제의 경우 EBS를 열심히 봤다면 30초~1분 안에 풀어버릴 수 있으니 시간적 측면에서 매우 이득입니다. 다음의 문제는 2016학년도 수능 영어 빈칸 문제로 만약 EBS 연계가 아니었더라면 상당한 난이도를 자랑하는 문제입니다. 하지만, EBS 지문을 거의 그대로 활용했고 답을 찾는 것도 생각보다 어렵지 않았기에 연계로 이득을 볼 수 있는 문제였습니다. 저 역시 이 문제를 거의 30~40초 안에 풀어버려서 다른 어려운 문제에 시간을 더 충분히 투자할 수 있었던 듯합니다.

32. Some distinctions between good and bad are hardwired into our biology. Infants enter the world ready to respond to pain as bad and to sweet (up to a point) as good. In many situations, however, the boundary between good and bad is a reference point that changes over time and depends on the immediate circumstances. Imagine that you are out in the country on a cold night, inadequately dressed for the pouring rain, your clothes soaked. A stinging cold wind completes your misery. As you wander around, you find a large rock that provides some shelter from the fury of the elements. The biologist Michel Cabanac would call the experience of that moment intensely pleasurable because it functions, as pleasure normally does, to indicate the direction of _____.
The pleasant relief will not last very long, of course, and you will soon be shivering behind the rock again, driven by your renewed suffering to seek better shelter. [3점]

① a permanent emotional adjustment to circumstantial demands
② enhancing self-consciousness through physical suffering
③ a biologically significant improvement of circumstances
④ judging desirable and undesirable conditions impartially
⑤ a mentally pre-determined inclination for emotional stability

[출처: 한국 교육과정 평가원, 2016학년도 수능 영어 32번]

EBS 지문은
어떻게 공부해야 할까요?

수능 영어를 대비하는 데 있어 EBS가 중요가 중요하다는 건 아실 겁니다. 그럼 EBS를 어떻게 공부해야 효과적으로 수능을 대비할 수 있을까요? 단순히 EBS를 문제집이라고 생각하지 마시고 영어 공부를 위한 교재로 생각하시길 바랍니다. 채점해서 맞고 틀리고에만 신경쓰기보다는 해석이 잘 안 되는 구문, 몰랐던 단어를 공부할 수 있는 하나의 교재로 바라봐주시기 바랍니다. 그리고 시중에서 판매되는 EBS 변형 문제를 푸는 것도 좋은 방법이지만 전 여러분들이 직접 EBS 변형 문제를 만들어보는 훈련을 하시길 추천합니다. 본인이 만든 문제가 진짜로 수능에 나오면 더할 나위 없이 좋고 그게 아니더라도 문제 출제의 원리를 자신이 직접 경험할 수 있는 좋은 방법이기 때문입니다.

EBS를 공부하는 데 있어서 제가 적극적으로 추천드리고 싶은 방법입니다. 바로 학생들 스스로가 변형 문제를 만들어 보는 겁니다. 아니, 선생님들도 하기 힘든 일은 어떻게 학생이 하냐며 반문하시는 분들도 계실 겁니다. 하지만, 학생 스스로 출제자가 돼보는 훈련을 한다면 유형별 공부법을 따로 공부하지 않아도 저절로 유형별 접근 전략을 익힐 수 있으며 각각의 유형이 어떠한 방법으로 만들어지는지를 배울 수 있습니다. 따라서 EBS의 문제를 일단 다 풀었다면 잽싸게 다른 문제집을 건드릴게 아니라 자신이 이미 푼 문제들을 어떻게 변형시킬 수 있을지 고민해봤으면 합니다. 사실 변형 문제라는 게 말만 거창하지 만들기는 매우 쉽습니다. 만약 어떤 지문을 빈칸 추론 문제로 만들고 싶다면 그 지문의 핵심적인 단어나 어구에 빈칸을 뚫어버리면 그만입니다. 굉장히 단순한 작업이지만 지문의 주제와 핵심어를 공부할 수 있는 좋은 방법입니다. 학생들이 쉽게 만들 수 있는 변형 문제의 유형과 그로 인한 학습효과를 정리해보면 다음과 같습니다.

문제유형	학습효과
빈칸 추론	글의 주제 파악 능력 향상 주제 찾기, 요약, 빈칸 등 다양한 유형들을 공부 가능
어법	어법 지식, 어법 판단 능력 향상
순서 추론	연결사 공부, 글의 논리적 흐름 파악 능력 향상
문장 넣기	구문 지식, 글의 논리적 흐름 파악 능력 향상
어휘	반의어/동의어/비슷하게 생긴 단어 등 전반적인 어휘 실력 향상

아무리 수능에 EBS 문제가 연계된다고 하지만 무작정 EBS 지문을 암기하는 것은 좋지 않은 공부법입니다. 비록 비슷한 내용의 지문이 출제되지만, 구문 구조를 좀 더 복잡하게 바꿀 수도 있고 절반만 연계하고 절반은 비연계인 '간접 연계' 방식으로 출제될 수도 있기 때문입니다. 따라서 EBS 연계 교재를 공부하는 것은 좋지만 포커스가 '지문 내용 암기'에 맞춰져서는 안 되며 '근본적인 영어 실력 향상'에 맞춰져야 합니다. 그럼 근본적인 영어 실력을 향상시킨다는 게 대체 무슨 말일까요? 굉장히 그럴싸하게 써놨지만 사실 별거 아닙니다. 그저 구문을 해석하는 능력을 기르는 겁니다. 어차피 영어 지문이라는 게 여러 개의 문장을 모아놓은 겁니다. 따라서 개별적인 문장만 잘 해석해도 수능 영어가 크게 어렵지 않게 느껴집니다. 구문 해석하는 연습을 하기 위해서는 일단 연습할만한 '좋은 문장'이 필요합니다. 가끔 이 좋은 문장을 찾기 위해, 영어 신문을 봐라, 영어 기사를 읽어라 등의 말들이 많지만, 저는 그런 말을 들을 때마다 조금 의아해합니다. 여러분이 공부하시는 EBS 연계교재에도 좋은 문장이 넘쳐흐르기 때문이죠. EBS 교재에 나온 지문만 제대로 공부해도 수능 준비하는데에는 손색이 없습니다.

그럼 구문 공부는 구체적으로 어떻게 해야 할까요? 일단, 준비물은 공책입니다. 그리고 하루에 EBS 영어 지문을 최소 3개 정도씩 스스로 해석해보세요. 영어 지문 3개만 봐도 상당히 많은 문장을 해석해야 합니다. 그중에서 잘 해석이 안 되는, 이른바 막히는 문장이 있을 겁니다. 그 문장을 공책에 적고 그 문장을 집중 분석하는 겁니다. 분석할 때는 답지를 이용해도 좋고 EBS 인터넷 강의를 이용해도 좋습니다. 어쨌든 자신이 잘 해석하지 못했던 문장을 하루에 적어도 한 개씩은 꾸준히 적는 겁니다. 즉, 하루에 적어도 한 문장씩 공부하는 겁니다. 그러면 월요일부터 토요일까지 공부하면 한 주에 적어도 6개의 문장이 공책에 적힐 겁니다. 그럼 일요일처럼 비교적 시간이 여유로운 때에 그 문장들을 복습하는 겁니다.

구문 공부는 따로 교재를 사서 익히는 것보다는 이렇게 직접 영어 지문을 해석하면서 모르는 구문을 집중적으로 공부하시는 게 더 효과적입니다. 실제로 지문에 어떤 구문이 등장하는지 파악할 수 있고 그 지문을 잘 해석하기 위한 노하우를 직접 터득할 수 있죠. EBS뿐 아니라 기출문제에 등장한 구문도 이런 식으로 공부해주시면 됩니다. 많은 영어 강사들이 독해 스킬 강좌를 광고하는데, 전무작정 인강을 듣는 것보다는 학생 본인이 자신만의 스킬을 익히는 게 더 효과적이라고 생각합니다.

영어

듣기는
어떻게 대비하나요?

사실 수험생들 사이에선 '영어 듣기를 틀리면 XX다'라는 말이 있을 정도로 영어 듣기는 거저 주는 문제로 통합니다. 실제로 듣기 문제는 독해 문제에 비해 평균적으로 매우 높은 정답률을 보입니다. 오죽하면 영어 듣기에선 정답률 80% 미만을 찾기가 더 힘들죠. 이렇게 보면 영어 듣기가 독해에 비해 상대적으로 쉽고 만만한 건 사실이라 할 수 있습니다. 하지만 그렇다고 해서 영어듣기를 전혀 공부하지 않아도 될까요? 절대 그렇지 않습니다.

영어 듣기를 공부해야 하는 이유는 점수 확보도 있지만 멘탈 관리의 측면도 있습니다. 영어 듣기는 영어 시험지의 맨 앞장에 있습니다. 그리고 수험생들은 무의식적으로 영어 듣기쯤은 다 맞아야지라는 생각을 하죠. 하지만 만약 듣기를 한 문제라도 놓쳐버린다면? 독해 문제는 잘 안 풀리면 다시 풀 수 있습니다. 하지만 듣기는 그렇지 못하죠. 한 번 놓치면 영원히 안녕입니다. 게다가 한 번 듣기를 놓치면 그게 자꾸 머릿속에 맴돌아 뒤에 나오는 듣기 문제에 영향을 미칠 수 있고 심하면 독해문제까지 악영향을 미칩니다.

실제로 2016학년도 수능이 끝나고 EBS 게시판에 영어 듣기 2번을 놓쳐서 멘탈이 붕괴되어 영어를 망쳤다는 글이 쇄도했습니다. 따라서 영어 듣기 역시 어느 정도 공부를 해서 완벽하게 만점을 받을 수 있어야 합니다. 물론 듣기 공부를 독해 공부처럼 하루에 몇 시간씩 하라는 얘기는 절대로 아닙니다. 심지어 굳이 매일 듣기 공부를 할 필요도 없다고 생각합니다.

듣기 공부는 보통 '실력 향상'보다는 '감 유지'가 주목적이기 때문에 일주일에 두 번 정도, 주말처럼 시간이 많을 때 30분 정도씩만 투자해도 충분합니다. 물론 듣기에 유난히 약한 친구들이라면 EBS나 시중에 판매되는 듣기 교재를 하나 구입해서 한 달 정도 시간을 투자하는 것도 좋습니다. 저 같은 경우, EBS의 듣기 연계 교재를 하나 구입해서 MP3를 다운로드한 다음에 수요일, 토요일에 한 챕터씩 공부했습니다. 이처럼 듣기 공부 역시 수능 영어의 일부라는 자각을 가지고 소홀히 하지 마시길 바랍니다.

문장 구조가
잘 파악되지 않는다면?

수능 영어 지문의 문장을 보시면 한 가지 큰 특징을 볼 수 있습니다. 바로 최대한 길어 보이려고 애를 쓴다는 점입니다. 국어로 예를 들자면, 다음과 같은 문장이라 할 수 있죠.

> 수호는 흰색 유니폼을 입은 점원이 반겨주는, 자신의 집에서 도보로 10분 거리의 큰 빌딩 옆에 위치한, 낡은 지붕과 현대식 자동문이 괴리를 일으키는, 가게에 들어가 서양풍의 음식, 이를테면 피자나 스파게티 같은 음식을 시켰다.

예, 쓰고 나니 굉장히 어색해 보이지요? 물론 제 절망적인 글쓰기 실력 탓도 없지 않아 있겠지만 이 문장은 애초에 해석해 보이려고 일부러 만든 문장입니다. 우리는 보통 [주어 + 동사] 형태의 단순한 문장 형식에는 익숙합니다. 하지만, 위에 나온 문장들처럼 주어,

동사 같은 필수 성분뿐 아니라 여러 가지 수식어구들이 등장하면 해석하기 힘들어 합니다. 즉, 학생들이 어떤 문장 구조가 복잡해서 해석을 잘 못한다면 그건 대부분 수식어구들이 많고 길기 때문입니다. 반대로 말하자면 수식어구만 잘 처리해도 해석하는 것이 매우 수월해진다는 점입니다.

그럼 복잡한 수식어구들을 효과적으로 처리하는 방법은 무엇일까요? 여러 방법이 있겠지만 개인적으로 추천드리는 것은 '끊어 읽기'입니다. 뭔가 특별한 건 아니고 그냥 복잡한 영어 문장이 있으면 그걸 몇 개의 부분으로 나눠주는 겁니다. 위의 문장을 예시로 들면 다음과 같습니다.

> 수호는 / 흰색 유니폼을 입은 점원이 반겨주는, / 자신의 집에서 도보로 10분 거리의 / 큰 빌딩 옆에 위치한, / 낡은 지붕과 현대식 자동문이 괴리를 일으키는, / 가게에 들어가 / 서양풍의 음식, / 이를테면 피자나 스파게티 같은 / 음식을 시켰다.

아무리 복잡한 문장이라도 끊으면 '핵심적인 부분'과 '비교적 덜 핵심적인 부분'으로 나눠집니다. 예시를 든 문장은 무려 3줄짜리 문장이지만, 중요한 부분을 뽑아보면 막상 별거 없다는 걸 알게 될 겁니다. 핵심적인 부분만 간추려본다면 다음과 같겠죠.

> 수호는 가게에 들어가 서양풍의 음식을 시켰다.

이 문장은 원래 문장에서 핵심적인 부분들, 즉 [주어], [부사어], [동사], [목적어]만 남기고 나머지 수식어 구들은 제거해버린 것입니다. 물론 디테일한 정보들은 사라졌지만 이 문장만으로도 원래 문장의 의미를 대부분 포함시킬 수 있습니다. 비록 제가 예시를 든 건 한국어 문장이지만 영어 문장도 이와 다르지 않습니다. 영어 공부를 하는 와중에 문장 해석이 잘 안된다면 우선 문장을 통째로 다루겠다는 생각을 버리는 것이 좋습니다. 그리고 그 문장을 구성하는 성분들로 끊고 거기서 중요한 정보만 추출하는 겁니다.

 꿀팁!!! 문장 구조를 쉽게 파악하는 또 다른 방법

문장 구조를 쉽게 보는 방법 중, 끊어 읽는 것 말고 또 다른 방법이 있습니다. 바로 문장에서 주어, 동사에 동그라미를 치는 겁니다. 문장에서 핵심적인 정보는 대개 주어와 동사에 담겨져 있기 마련입니다. 나머지 구성들은 보통 주어, 동사를 보충 설명해주는 역할을 하는 경우가 대부분이기 때문입니다. 형용사나 부사는 보통 주어, 동사를 꾸며주며 목적어나 보어는 동사의 종류에 의해 결정됩니다. 따라서 주어, 동사만 잘 파악해도 문장을 해석하는 데 있어서 많은 도움이 됩니다.

우리말로 해석하니까
너무 어색해요

분명 영어 공부를 도와주려고 만들었지만 아이러니하게도 영어 공부를 힘들게 만드는 것이 있습니다. 바로 해설지입니다. 대부분의 영어 문제집 답지에는 영어 지문에 대한 해석이 담겨 있는데 이것이 오히려 학생들의 공부를 힘들게 만들 수 있습니다. 혹시 해석을 봐도 잘 이해가 안 되거나 해석을 보니까 더 헷갈렸던 경험 있으신가요? 아니, 분명 우리말로 해석까지 해줬는데 왜 이해가 안 될까요?

그건 여러분이 보는 것이 번역이 아니라 해석이기 때문입니다. 심지어 해석이라는 것이 대부분 단순 직역이라 더 알아듣기가 힘든 경우가 많습니다. 따라서 영어를 공부할 때에는 되도록 답지의 해석에 너무 의존하지는 마시길 바랍니다. 또한 영어 문제를 풀 때에는 영어를 한국어로 해석하는 데에 너무 집착하지 마시길 바랍니다. 영어 시험 시간이 모자란 대표적인 유형 중 하나가 바로 영어를 전부

한글로 바꾸려고 노력하는 경우입니다. 시험에서 시간을 아끼려면 영어를 한국어에 일대일 대응시키지 마시고 가급적 영어는 영어로 처리하는 게 좋습니다. 예를 들어보죠.

> Research and development for seed improvement has long been a public domain and government activity for the common good.

[출처: 한국교육과정평가원, 2016수능 영어 33번]

상당히 긴 문장입니다. 이런 문장을 실제 시험에서 마주치면 많이 당황스럽겠죠. 이때 명심해야 할 건 우리는 영어 문장의 뜻을 이해하기만 하면 되며 굳이 억지로 한국어로 바꿀 필요는 없다는 점입니다. 즉, 이런 문장을 보면 마치 답지의 해석처럼 일일이 한국어로 바꾸지 말고 영어는 영어대로 자연스럽게 처리하는 게 이해하는 것도 편하고 시간도 아낄 수 있습니다. 예를 들면 이런 식으로 이해할 수 있죠.

> seed improvement에 관한 Research와 development는 오랫동안 public domain과 common good을 위한 government activity이었다.

이런 식으로 아는 단어가 나오면 굳이 한글로 모두 바꿀 필요가 없다는 말입니다. 시험 보는 도중에 이런 식으로 해석하면 한글 해석에서 오는 어색함도 줄일 수 있고 한글로 일대일 대응시키는데 소모되는 시간을 줄일 수 있습니다.

영어 기출문제는
어떻게 공부할까요?

아무리 영어가 EBS가 중요하다고 하지만, 기출을 무시할 수는 없습니다. 기출문제를 제대로 공부해야 영어 문제를 푸는 자신만의 원칙이 세워지기 때문이지요. 인강에서 맨날 광고하는 '독해 비법'도 사실은 기출문제를 분석하다 보면 여러분들 스스로 터득할 수 있는 것들입니다. 그렇다면 영어 기출 공부를 어떻게 해야 효과적일까요?

_ 바꿔 쓰기(paraphrase)에 집중하자!

영어에서 바꿔 쓰기란 같은 의미를 여러 형태로 달리 표현하는 것을 뜻합니다. 한국어로 예를 들자면, '혁신'이란 의미를 '새롭게 탈바꿈하는 것', '새로운 변화'처럼 비슷한 의미를 가지지만 형태상으론 다른 어구로 바꾸는 것이 있습니다. 특히, 기출을 공부하면서 배워야 하는 것은 문제의 [보기]에 나와 있는 단어가 [지문]에 있는 단어를 바꿔 쓰기 한 경우가 대부분이라는 점입니다. 게다가 이 '바꿔쓰기'가 영어문제의 난이도를 결정한다고도 할 수 있습니다. 바꿔쓰기가 추상적이고 복잡할수록 문제의 난이도가 비약적으로 올라가며, 실제로 기출문제 중 대다수의 고난도 문제들은 바꿔 쓰기가 매우 '심하게' 되어있는 편입니다. 따라서 영어 문제를 푸는 실력을 기르려면 기출문제를 공부할 때 단어/어구가 어떻게 바꿔 써지는지에 주목해야 합니다. 실제 수능 문제를 예로 들어봅시다.

---

31. When two cultures come into contact, they do not exchange every cultural item. If that were the case, there would be no cultural differences in the world today. Instead, only a small number of cultural elements ever spread from one culture to another. Which cultural item is accepted depends largely on the item's use and compatibility with already existing cultural traits. For example, it is not likely that men's hair dyes designed to "get out the gray" will spread into parts of rural Africa where a person's status is elevated with advancing years. Even when a(n)[＿＿＿＿] is consistent with a society's needs, there is still no guarantee that it will be accepted. For example, most people in the United States using US customary units (e.g., inch, foot, yard, mile, etc.) have resisted adopting the metric system even though making such a change would enable US citizens to interface with the rest of the world more efficiently. [3점]

① categorization ② innovation
③ investigation ④ observation
⑤ specification

[출처: 한국교육과정평가원, 2016수능 영어 31번]

2016수능에서 출제된 3점짜리 빈칸 문제입니다. 미리 스포일러를 해버리자면 빈칸에 들어갈 단어는 ② innovation입니다. 당연히 지문을 눈 씻고 찾아봐도 innovation이란 단어는 보이지 않습니다. 즉, 다른 단어로 바뀌어 있다는 말입니다. 지문에서 볼드체로 쓰인 단어들이 바로 innovation을 바꿔 쓰기한 단어들입니다. 바꿔 쓰기를 연습한다는 것은 어찌 보면 영어 문제의 답에 대한 근거를 찾는 연습과 일맥상통합니다. 따라서 기출을 푸실 때에는 지문 혹은 보기에서 바꿔 쓰기가 된 단어/어구들을 찾아 표시하는 훈련을 해보시기 바랍니다.

_ 모든 선지에 대한 근거를 찾자!

여러분은 시험 문제를 풀 때 모든 선지에 대해 일일이 근거를 찾아가며 푸시나요? 솔직히 말씀드리면 전 그러지 않습니다. 일단, 시험에는 엄연히 제한시간이 존재하기 때문이죠. 예를 들어 5지선다 문제에서 ③번이 확실한 답이라는 생각이 들면 전 ④,⑤은 읽지도 않고 넘겨버립니다. 5개의 [보기] 중 무려 2개나 스킵하니 시간적으로 매우 이득이죠. 여기서 양심 고백을 해보자면, 전 심지어 수능에서도 이렇게 문제를 풀었습니다. 결과적으로 수능 때 국, 영, 수, 탐 중 어느 것도 시간이 모자라지 않았습니다. 하지만 이건 어디까지나 시험 볼 때의 얘기입니다.

모의고사를 치르고 문제를 분석하거나, 기출문제를 분석할 때에는 절대로 이런 식으로 공부하지 마시길 바랍니다. 반드시 모든 선지에 대한 근거를 하나하나 찾아보시길 바랍니다. 특히, 국어와 영어 같은 언어 계열의 과목은 모든 선지의 근거가 지문에 진짜로 있는지 직접 확인해보시기 바랍니다. 옳은 선지는 정말로 그 내용을 지문 속에서 찾을 수 있는지, 틀린 선지는 지문 내용을 바탕으로 왜 틀렸는지 반드시 점검하시기 바랍니다. 물론 처음엔 많은 시간이 걸릴 겁니다. 시험시간은 70분인데 근거를 찾는 데에만 2시간 넘게 써버릴 수도 있습니다. 하지만 그러한 경험이 실제 수능 시험에서 근거 찾는 능력을 길러줄 겁니다. 따라서 자신이 틀린 문제는 물론이고 자신이 맞은 문제라도 정답의 근거, 오답의 근거를 지문 속에서 모두 찾아보시기 바랍니다.

_ 유형별 공략법을 익히자

분명 영어에서 가장 중요한 것은 기본적인 단어 실력과 독해 능력이라고 했습니다. 하지만 그건 그야말로 기초 실력을 탄탄히 다지기 위한 것이며 정말로 수능 영어에서 고득점을 원한다면 그것만으론 부족할 수 있습니다. 이때 필요한 것이 바로 문제 유형별 공략법이며 이건 선생님이나 강사분들이 족집게 식으로 알려주는 걸 그대로 수용하는 것보다는 학생이 직접 기출문제를 풀어보면서 본인만의 방식을 터득하는 것이 좋습니다.

유형별 공략법을 터득하는 법은 간단합니다. 준비물은 공책 한 권이면 충분합니다. 기출문제를 풀다 보면 쉽게 풀리는 유형이 있지만 유난히 잘 안 풀리는 유형도 있을 겁니다. 그럼 공책에다가 큼지막하게 자신이 자주 틀리고 어려워하는 유형을 적으세요. 일종의 제목이라고 할 수 있겠네요. 저는 개인적으로 '순서 배열'이 너무 어려워서 공책의 대부분이 순서 배열에 관한 이야기로 가득 차 있습니다. 그리고 제목 밑에 그 유형을 푸는 방법을 적어보는 겁니다. 예를들어 저 같은 경우엔 다음과 같이 적었습니다.

[순서 배열]
① it, this, they 같은 지칭어에 주목한다.
② the, a 같은 관사에 주목한다. a가 나온 다음에 the가 올 수 있다.

한 가지 명심해야 할 것은 이런 유형별 공략법은 여러분 스스로 터득해서 본인에게 가장 최적화된 공략법을 찾아야 한다는 점입니다. 물론 학교 선생님이나 학원 강사님들로부터 팁을 얻는 것도 좋은 방법입니다. 하지만, 무작정 선생님들이 하라는 대로 따르기보다는 자신이 직접 그 방법을 사용해보고 본인에게 잘 맞는지 아닌지 따져보시기 바랍니다.

탐구영역

탐구는 무엇을
선택해야 하나요?

일단 제가 이과생인지라 아무래도 과학탐구에 포커스가 맞춰져 있습니다. 따라서 이 파트는 위대하신 문과님들이 보시기엔 다소 불편할 수도 있습니다.

일단, 탐구영역은 현재 사회탐구/과학탐구 총 2개의 영역으로 나뉘어있으며 사회탐구는 문과 학생들이, 과학탐구 영역은 이과 학생들이 선택하도록 돼 있습니다. 여기서 한 가지 문제는 사회탐구와 과학탐구에는 상당히 많은 과목들이 존재하지만 그중에서 여러분이 시험 볼 수 있는 과목은 2개가 최대라는 점입니다.

사회탐구		과학탐구	
생활과 윤리	윤리와 사상	물리 I	물리 II
한국 지리	세계 지리	화학 I	화학 II
동아시아사	세계사	생명과학 I	생명과학 II
법과 정치	경제	지구과학 I	지구과학 II
사회 문화		8개 과목 중 최대 2개 선택	
9개 과목 중 최대 2개 선택			

따라서 탐구영역의 경우 전략적으로 과목을 선택해야 합니다. 저 역시 한때 수능 탐구를 무엇으로 선택할지 상당히 고민했던 사람으로서 탐구 선택에 있어 약간의 팁을 드리려 합니다.

_ 교과서를 펴보자

과목을 선택하려면 일단 자신에게 맞는 과목을 선택하는 것이 우선입니다. 일단 자신이 좋아하거나 관심이 가는 과목을 선택하면 공부하는 게 덜 힘들기 때문이지요. 따라서 과목을 선택할 때에는 남들이 하는 대로 그저 따라가는 것보다는 직접 그 과목의 교과서라도 한 번 훑어보시기 바랍니다. 목차를 보면서 대충 이러이러한 내용을 배우는구나 정도만 알아도 충분합니다. 탐구 교과서는 보통 학교 도서관에 비치되어 있으니 직접 구하기 힘들다면 도서관을 이용하는 것도 좋은 방법입니다. 일단 전략이고 뭐고를 다 떠나서 흥미가 있거나 뭔가 끌리는 과목을 고르시기 바랍니다.

이과 수험생이 대략 20만 명 정도입니다. 그리고 과학탐구는 총 8개입니다. 그렇다면 각각의 과목당 25000 (200,000 ÷ 8) 명씩 응시자 수가 균일할까요? 절대로 그렇지 않습니다. 실제로 탐구과목의 응시자 수는 그 편차가 매우 심합니다. 표를 보면 한 눈에 와 닿으실 겁니다. 아래의 표는 2016 수능 기준 탐구 과목별 응시자 수를 나타낸 겁니다.

사회탐구		과학탐구	
생활과 윤리	173,687	물리 I	50,377
윤리와 사상	45,250	물리 II	123,126
사회 · 문화	164,273	화학 I	142,978
한국 지리	93,902	화학 II	103,518
세계 지리	39,958	생명과학 I	3,479
동아시아사	31,827	생명과학 II	3,936
세계사	22,283	지구과학 I	23,405
법과 정치	28,694	지구과학 II	10,443
경제	7,304		

[출처: 한국교육과정평가원]

탐구 과목을 선택할 때, 특히 학생부 종합이나 논술 등 수능 등급이 중요한 전형을 준비하는 학생이라면 1, 2등급 인원이 많은 과목을 선택하는 것이 유리합니다. 자신이 준비하는 대입 전형과 응시자 수를 모두 고려해서 탐구 과목을 선택하시기 바랍니다.

    탐구 선택에 있어서 고려해야 할 또 다른 요소는 여러분이 지원 하려는 대학입니다. 왜냐하면 각 대학별로 탐구에 관한 규정이 조 금씩 다르기 때문입니다. 대표적인 예시가 서울대학교인데, 서울대 는 과학탐구에 대해 상당히 까다로운 조건을 적용합니다. 일단 동 일계열의 과목을 선택하면 지원이 불가능합니다. 즉, 물리 I 과 물리 II 동시에 선택하면 안 됩니다. 게다가 반드시 II 과목을 하나 이상 선택해야 합니다. 즉, 물리 I 과 화학 I 을 선택하면 안 됩니다. 또한 2017학년도부터는 II 과목을 두 개 선택하면 가산점을 줍니다. 이처 럼 탐구과목에 대해 제한을 걸거나 가산점 제도를 도입한 대학교가 상당히 많이 있습니다. 따라서 자신이 목표로 하는 대학교의 입학처 사이트에 들어가 관련 내용을 숙지해주시는 것이 좋습니다.

탐구영역

진도는 언제까지
끝내야 하나요?

글을 쓰기에 앞서 이 절에서는 탐구를 처음 준비하는 고등학교 재학생 위주로 서술되어 있는 점 양해 부탁드립니다. 우선 탐구 공부에 있어서 가장 위험한 생각이 있습니다. 바로 '탐구는 3학년 때부터 준비해도 충분하다'라는 생각입니다. 제가 볼 때 이건 굉장히 위험한 생각입니다. 우선 현재 탐구 영역의 난이도가 터무니없이 높아지고 있습니다.

일단 탐구는 2과목밖에 선택을 안 하는데다 사교육 절감을 위해 수능 국/영/수를 쉽게 내는지라 탐구 영역으로 변별력을 갖추려는 경향이 짙습니다. 따라서 3학년 때부터 준비하면 고난도 수능에 대비하기 위한 실력을 완성시키는데 시간이 빠듯할 수 있습니다. 따라서 적어도 고2 겨울방학이 시작할 때부터 본격적으로 탐구 개념을 공부하여 고3 1학기가 시작될 때 개념 공부를 끝내 놓고 수능 날까지 문제풀이를 해주는 것이 좋습니다. 저 같은 경우에는 고2 여름방학까지 탐구 2개를 선택하고 고2 2학기 때부터 탐구 개념을 조금씩 공부했습니다. 고2 겨울 방학 때 다시 개념을 총 복습하고 고3 1학기부터 수능 전날까지 주구장창 문제를 풀면서 실력을 쌓았습니다.

남들이 고3 때부터 개념 공부를 시작할 때 전 이미 개념 공부가 끝난 상태인지라 상대적으로 탐구 성적이 초반부터 높게 나왔습니다. 그 흐름을 그대로 수능 날까지 이어가서 과탐 만점을 받았습니다. 제가 탐구 공부를 하면서 느낀 점은 탐구 공부는 시작이 빠를수록 무조건 유리하다는 점입니다. 탐구 공부의 단계를 간략하게 나타내면 다음과 같습니다.

탐구 2과목 선택 ⇨ 탐구 개념 학습 ⇨ 기출 / EBS 문제 풀이 ⇨ 실전 연습

적어도 2학년 여름방학까지는 자신이 시험볼 과목을 모두 정하시고 개념 학습을 최대한 빨리 시작하시기 바랍니다. 탐구 총 2과목 중 적어도 1과목은 2학년 겨울방학 때 개념을 완성하시기 바랍니다.

탐구 기출은
어떻게 공부하나요?

탐구 역시 그 어떤 문제보다 기출문제, 특히 수능 문제가 중요합니다. 하지만 문제를 단순히 풀고 맞았다/틀렸다만 체크하는 건 큰 의미가 없습니다. 기출문제를 제대로 공부하려면 '공부의 방향성'이 필요하며 그건 이미 평가원이 정확하게 명시를 해주었습니다.

---

(5) 사회탐구 영역
- 사회탐구 영역의 개념·원리의 이해 능력과 탐구 능력 등을 측정하도록 출제함.
- 고등학교 교육과정에 제시된 내용의 이해 능력은 물론 해당 과목 학습을 통해 형성된 탐구 능력 및 문제 해결 능력도 측정할 수 있도록 출제함.
- 평가의 내용이나 소재 선택은 교육과정의 범위와 수준에 근거하되, 일상생활에서 접할 수 있는 내용 및 시사성이 있는 교과서 이외의 소재나 내용도 출제에 포함시킴.

(6) 과학탐구 영역
- 과학 개념에 대한 이해 및 적용, 탐구 능력 등을 측정하도록 출제함.
- 종합 사고력과 개념의 이해 및 적용을 측정하도록 단원통합 문항을 출제할 수 있음.
- 문제 상황은 학문적 상황과 함께 일상생활에서 접할 수 있는 내용 및 시사성 있는 소재를 고르게 활용함.

[출처: 한국교육과정평가원, 2017학년도 수능 시행기본계획]

탐구의 출제 매뉴얼을 보면 눈에 띄는 특징이 하나 있습니다. 바로 일상생활과 관련된 소재라는 키워드가 등장한다는 점입니다. 즉, 사회/과학의 개념을 바탕으로 설명할 수 있는 우리 주변의 일에 관한 문제가 출제된다는 말입니다. 따라서 기출문제를 공부할 때에는 단지 개념에만 집중할 것이 아니라 그 개념이 어떤 '소재'와 함께 사용되는지, 어떤 '현상'을 설명하는지에 주목하면서 공부하시기 바랍니다. 또한 탐구는 보통 '주어진 자료'를 얼마나 잘 해석하느냐 싸움이므로 기출 문제에서 어떤 자료가 주어지고 그 자료를 어떻게 해석하는지 그 '방법'을 익히기 바랍니다. '자료' 자체는 매년 새로운 걸 출제하기 때문에 자료를 통째로 외우는 건 별 의미가 없으며 '자료'를 외우는 것이 아니라 '자료 해석 방법'을 외우시기 바랍니다.

탐구영역

EBS 연계 교재의
활용법은?

솔직히 탐구영역은 국어/영어에 비해 EBS 연계를 체감하기가 힘듭니다. 왜냐하면 탐구 문제의 기본은 바로 '자료'인데, 아무리 EBS 연계 문제라 해도 자료를 조금씩 바꿔서 출제하기 때문에 학생들 입장에서는 새롭고 낯설게 느껴질 수밖에 없습니다. 따라서 탐구를 공부할 때에는 EBS 연계에 큰 기대를 걸진 마십시오. 물론, 그렇다고 EBS를 무시하라는 것은 절대 아니며 EBS에서 집중적으로 봐야 할 것은 크게 두 가지입니다.

하나는 바로 '자료'입니다. 탐구 영역 출제 매뉴얼을 보시면 아시겠지만 탐구 영역의 메인은 바로 '자료'입니다. 따라서 EBS 문제에 제시된 자료를 스스로 정확하게 해석할 수 있는지 점검하고 만약 해석에 어려움을 느끼는 자료가 있다면 그것을 집중적으로 공부하시기 바랍니다. 적어도 EBS에 제시된 자료는 본인이 직접 정확하게 해석할 줄 알아야 합니다.

나머지 하나는 '지엽적 내용'입니다. 탐구 영역이 아무래도 암기 과목에 성격을 띠고 있는지라 어느 정도 중요한 개념을 공부했다면 문제를 풀면서 지엽적인(사소한) 내용들을 암기해줘야 합니다. 이 때 지엽적인 내용을 익히기 좋은 교재가 바로 EBS입니다. 따라서 평소에 자주 출제되지는 않는 사소한 개념이라도 EBS 문제에 등장했다면 반드시 정리해서 외워주시기 바랍니다. 의외로 암기가 완벽하지 않아 수능 날 와르르 무너지는 수험생들이 많습니다. EBS 교재를 이용해서 디테일한 부분까지 꼼꼼하게 암기해주시기 바랍니다.

　　많은 수험생들이 수능 날 탐구 영역에서 뒤통수를 맞았다는 말을 합니다. 평소에는 쉬웠는데 유독 수능 문제만 어려웠다고 주장하는데요, 엄살이나 과장이 아니라 상당히 일리있는 주장입니다. 수능 탐구 문제가 다른 시험(학력평가, 모의평가) 보다 유난히 어려운 이유가 대체 무엇일까요?

　　그 이유는 정보량과 관련 있습니다. 수능 탐구 문제는 그야말로 압도적인 글자 수를 자랑합니다. 즉, 일단 읽어야 하는 양이 많고 그 말은 문제를 풀기 위해 주어진 정보량이 많다는 걸 의미합니다. 아무래도 정보량이 많을수록 처리하는데 시간이 더 오래 걸릴 테니 수능 문제가 유독 어렵게 느껴지는 것도 어찌 보면 당연합니다. 과연 정말로 수능 문제의 정보량이 더 많은지 글자 수를 비교해보겠습니다.

생명과학 II (과학)		사회 문화(사회)	
시험	글자 수	시험	글자 수
10월 학력평가	6252	10월 학력평가	8151
6월 모의평가	7778	6월 모의평가	9671
9월 모의평가	8332	9월 모의평가	9850
수능	9108	수능	10244

[이 표는 2015년도에 치러진 시험을 기준으로 작성되었습니다.]

보시다시피 사회/과학 할 것 없이 둘 다 수능 때의 분량이 가장 많습니다. 심지어 교육청에서 출제하는 학력평가와 비교해보면 수능의 글자 수가 2000~3000자 가량 더 많습니다. 문제 자체의 난이도도 물론 중요한 요소이지만 일단 읽어야 할 텍스트의 양이 많기 때문에 수능 문제가 어렵게 느껴질 수밖에 없는 겁니다. 따라서 수능 탐구를 공부할 때에는 평소 모의고사 문제보다 수능 때 더 어렵게 나온다는 마인드를 가져야 합니다. 그리고 마치 국어 비문학을 공부하듯이 긴 글에서 필요한 정보를 찾아내는 연습이 필요합니다. 마치 국어에서 선지에 대한 근거를 찾듯이 탐구를 공부할 때에도 주어진 자료에서 어떻게 필요한 정보를 뽑을 수 있는지 본인 나름의 표시를 해두시기 바랍니다.

탐구영역

탐구는 암기만으로
해결되나요?

아직도 탐구 = 암기과목이라는 잘못된 생각을 가지신 수험생들이 많습니다. 조금 세게 말하자면 '탐구는 암기만 하면 충분한가요?'라는 질문은 '수학은 암기만 하면 충분한가요?'라는 질문과 똑같습니다. 탐구는 단순 암기로 해결된다는 건 이미 옛말이 된 지 오래이며 최근 수능의 추세를 보면 탐구 영역의 난이도가 미친 듯이 높아지고 있습니다. 서로 다른 단원의 개념을 통합해서 출제하거나 난생처음 보는 낯선 자료를 제시하는 등 다양한 방법을 동원해 난이도를 높이고 있습니다. 따라서 암기만으로는 아무것도 해결되지 않으며 반드시 자료 해석 능력을 길러줘야 합니다.

[출처: 한국교육과정평가원, 2017학년도 수능 시행기본계획]

사회에서는 시사성 있는 자료, 과학에서는 실험 자료를 얼마나 잘 분석하는지가 탐구 성적을 결정한다고 해도 과언이 아닙니다. 따라서 탐구를 공부할 때의 기본적인 자세는 '철저한 암기' 뿐 아니라 '자료 해석 능력'도 포함됩니다. 기출문제 등을 공부하다가 해석하기 힘든 자료가 나오면 공책 같은 곳에도 정리를 하시기 바랍니다. 표가 나오면 표를 직접 따라 그려보거나 실험이 나오면 그 실험이 의미하는 바를 적으시기 바랍니다.

20. 다음은 A와 B가 반응하여 C를 생성하는 화학 반응식과 반응 속도식이다.

$$A(g) + bB(g) \rightarrow C(g) \quad (b : 반응\ 계수)$$

$$v = k[A] \quad (k : 반응\ 속도\ 상수)$$

표는 강철 용기에 A(g)와 B(g)를 넣어 반응시킬 때, 시간에 따른 용기 속 전체 압력(P)을 나타낸 것이다. 실험 I 에서 반응이 완결되었을 때 용기에는 C(g)만 존재한다.

실험	초기 A와 B의 질량의 합(g)	P(기압)			
		0	t초	…	∞
I	10	12	8		4
II	13	18	14		10
III	x	16	10		y

20. 다음 자료에 대한 옳은 분석을 〈보기〉에서 고른 것은? [3점]

○ X재와 Y재를 소비하는 갑과 을은 두 재화를 각각 1단위까지 소비하고자 한다. 표는 갑과 을의 각 재화 1단위에 대한 최대 지불 의사 금액을 나타낸다.

구분	갑	을
X재(만 원)	120	50
Y재(만 원)	70	100

○ 두 재화를 생산하는 A기업은 X재와 Y재 1단위 생산에 각각 20만 원과 30만 원의 비용이 든다. A기업은 가격을 결정할 수 있고, 이윤을 극대화하기 위해 (가)와 (나)의 두 가지 방안을 고려하고 있다. 단, A기업은 같은 상품에 대해 갑과 을에게 다른 가격을 매길 수 없다.

(가) X재와 Y재를 각각 개별 상품으로 판매한다.
(나) X재와 Y재를 묶어서 하나의 상품으로 판매한다.

[출처: 한국교육과정평가원, 2016 수능 화학 II 20번 / 경제 20번]

탐구는 철저한 암기 내용을 바탕으로 한 자료 해석 능력을 평가하는 시험이라는 것을 명심하세요!

PART
4

수험 생활

시험 때마다
너무 긴장해요

일단 시험 때 긴장하는걸 갖고 너무 자책하시지는 마세요. 시험에서는 웬만한 강심장이 아닌 이상 대부분 긴장하기 마련입니다. 적당한 긴장은 시험에 대한 집중력을 높여주고 두뇌회전을 빠르게 만들어주는 긍정적인 효과도 있습니다. 하지만 언제나 과유불급이라고 긴장 역시 마찬가지입니다. 너무 긴장하면 평소 실력의 60-70%밖에 낼 수 없다고들 하는데 제 경험과 주위 친구들을 보니 확실히 일리있는 말입니다. 평소에 남들보다 열심히 공부해서 실력을 쌓았더니 시험 당일에 긴장해서 와르르 무너지는 친구들을 보면 참 안타깝죠. 그렇다면 보통 수준 이상의 과도한 긴장을 느낄 때에는 어떻게 해야 할까요?

시험 보기 전에 너무 긴장하면 숙면을 취하기가 힘들고 머릿속이 복잡해지며 결과적으로 다음날 시험에 지장을 줄 수 있죠. 시험전 긴장감을 해소하는 데에는 시험 시뮬레이션과 긍정적인 자기암시가 필요합니다. 우선 시험 시뮬레이션 같은 경우 앞으로 보게 될 시험을 미리 겪어보는 겁니다. 일종의 모의고사라고 할 수가 있죠. 내신같은 경우 학교 홈페이지에서 전년도 기출문제를 다운로드하여 실제시험처럼 시간을 재고 풀어 보는 거죠. 모의고사나 수능 역시 작년기출문제를 실제 시험시간/쉬는 시간에 맞게 풀면서 실전 연습을 해보는 겁니다. 너무 평범한데요? 라고 반문할 수도 있겠지만 많은 학생들이 '귀찮다'는 이유로 실전 연습을 거의 하지 않고 시험에 임합니다. 모의시험을 보면 실제 시험에서 벌어질 법한 다양한 상황을 미리 겪을 수 있어 실제 시험에서 과도하게 긴장하는 걸 막아줍니다.

이때 미리 풀어봤던 문제라도 실전 연습을 위해서 한 번 더 풀어 보는 게 좋습니다. 비록 기억나는 문제는 자신의 진정한 실력이아니라 기억력에 의존해서 풀게 되더라도 최대한 실전 느낌이 나도록 하는 게 중요하기 때문이죠.

실전에서의 긴장감을 줄이기 위해서 평소에 실전 연습을 하는게 중요한 건 알겠는데, 그렇다면 연습에서 풀 문제는 어떻게 구해야 할까요? 일단 내신 같은 경우 가장 중요한 문제는 1~2년 전에 학교 기말/중간고사에서 출제된 문제겠지요. 학교 선생님들이 시험을 출제하실 땐 작년, 재작년에 출제된 문제를 참고하는 경우가 매우 많기 때문입니다. 학교마다 약간의 차이가 있겠지만 대부분 학교의 내신시험 기출문제는 그 학교 홈페이지에 업로드된 경우가 많습니다. 내신 시험 보기 전에 작년, 재작년에 출제된 문제를 제한 시간에 맞춰 풀어보시기 바랍니다.

모의고사/수능도 연습하려면 역시 기출문제가 필요하겠죠. 서점에 가보면 8개년 치 기출문제를 모아서 문제집으로 만들어놓은 책들을 볼 수 있을 겁니다. 그러다 보니 학생들이 기출문제를 구하려면 반드시 기출문제집을 구입해야 한다고 오해하는 경우가 많은데, 전혀 그렇지 않습니다. 학력평가, 평가원 모의고사/수능은 여러분들이 얼마든지 다운로드 받을 수 있습니다. 물론 기출문제를 다운로드 받을 수 있는 사이트는 여러 가지가 있지만 제가 추천 드리는 사이트는 3개입니다. 이 사이트들은 꼭 자주 자주 방문해주시면 좋겠네요.

사이트 명	주소	특징
서울시 교육청	http://www.sen.go.kr/	회원가입 불필요 학력평가, 평가원 모의평가 다운 가능 수능 문제 다운로드 불가능 평가원 모의평가 해설지 미제공
한국교육과정평가원		회원가입 불필요 평가원 모의평가, 수능 문제 다운 가능 해설지 미제공
EBS i		회원가입 필요 학력평가, 평가원 모의평가, 수능 다운 가능 EBS 자체 제작 해설지/강의 제공

똑같은 문제라도 집에서 풀면 잘 풀리고 시험장에서 풀면 잘 안 풀린다는 말 들어보신 적 있나요? 아마 많이들 들어보셨을 텐데요, 아무래도 긴장된 상태의 시험장보다는 어느 정도 느슨한 분위기인 집에서 푸는 게 더 잘 풀리겠지요. 하지만 실전 연습이 그렇게 느슨한 분위기에서 이루어지면 실전을 대비하는 효과가 별로 없을 겁니다. 집에서 편안한 자세로 주머니에 손 넣고 문제 푸는 것보다는 좀 더 긴장감 있는 환경을 조성할 필요가 있습니다. 평소에 긴장된 환경에 익숙해지면 실제 시험에선 비교적 긴장을 덜 하고 제 실력을 온전히 발휘할 수 있겠죠? 집에서도 최대한 실전처럼 연습하기 위해 고려해야 할 몇 가지 사항들을 알려드리겠습니다.

_ 스톱워치로 시간재기

연습할 땐 실전처럼!이라는 말이 있듯이 연습할 때는 최대한 모든 요소를 실전과 동일하게 만들어야 합니다. 그중에서 가장 중요한 게 바로 제한시간이라고 할 수 있죠. 예를 들어 수능 수학 모의고사를 푼다면 실전처럼 정확히 100분에 맞춰서 풀어야 한다는 얘기죠. 가끔 정해진 시간을 초과해서 푼 뒤 그것이 마치 자신의 본 실력인 것처럼 여기는 친구들이 있는데 아주 안일하고 위험한 생각입니다. 실제 시험에서는 제한시간이 다 되면 다 풀었든 못 풀었든 시험지를 걷어가죠? 연습할 때도 마찬가지여야 합니다. 최대한 제한시간 안에 모든 문제를 풀려고 노력하고 시간이 다 되면 문제풀이를 멈추고 채점을 합니다. 혹자는 시간이 조금만 더 있으면 몇 점 더 올랐을 텐데…… 하고 불평할지 모르겠지만 제한시간 안에 얻은 점수가 여러분의 실제 점수겠죠? 아! 그리고, 일단 채점을 한 뒤에 시간 안에 다 못 푼 문제는 해설지를 보지 말고 꼭 다시 풀어보시기 바랍니다.

_ OMR 마킹 연습

저는 문제 풀다가 실수해서 틀린 적도 많았지만 문제는 제대로 풀고 답을 OMR 카드에 잘못 옮겨 적어 틀린 경우도 매우 많았습니다. 그럴 때마다 너무 억울했지만 한 가지 깨달은 점이 있다면 문제를 푸는 연습뿐 아니라 OMR 카드에 마킹하는 연습도 필요하다는 것이었습니다. 저도 평소 모의고사를 집에서 풀 때에는 답을 시험지 위에 대충 적었죠. 그러다보니 답을 정확하게 마킹하는 습관이 잘 길러지지가 않더군요. 그래서 모의고사를 풀 때에는 답을 시험지에 적는 건 물론이고 OMR 카드를 따로 만들어서 마킹하는 연습을 했습니다. OMR 카드를 직접 구할 수 있다면 좋겠지만 그게 어렵다면 OMR 카드 그림을 프린트하거나 아니면 공책에 줄을 그어서 임시 OMR 카드를 만들 수 있습니다.

'뭘 그런 것까지 연습하냐? 너무 오버한다'고 생각하실지도 모르겠지만 연습을 최대한 실전처럼 만드는 좋은 방법인 것 같아서 소개해봤습니다. 실제로 모의고사에서 꼭 한 번씩은 마킹 실수를 하던 저도 평소에 연습했더니 수능에서는 마킹 실수를 단 하나도 하지 않게 되었습니다. 평소에 마킹할 시간이 부족하거나 마킹에서 실수를 많이 하는 친구들은 반드시 연습해보시기 바랍니다.

_ 긍정적인 자기 암시

시험 보기 전에 긴장감을 해소할 수 있는 방법에는 시험 시뮬레이션 말고도 긍정적인 자기암시가 있습니다. 쉽게 말해 나는 할 수 있다는 마음가짐을 갖고 시험공부에 임하는 건데, 이때 중요한 건 마음만 먹으면 안 된다는 점이죠. 그냥 속으로 '나는 할 수 있다'같이 추상적인 목표를 잡는 건 솔직히 별 도움이 되지 않습니다. '할 수 있다'라고 말한다면 구체적으로 뭘 할 수 있을지를 정해야겠지요. 또, 마음속으로만 추상적으로 생각하지 말고 시각적으로 표현하는 게 더 좋습니다.

계산 실수 하지 않는다.

모르는 거 보이면 빨리 넘기기

긴장하지 않고 차분하게

실제로 제 방에 붙여놓은 종이입니다. A4 용지에다가 제 악필로 대충 휘갈겨 쓴 거죠. 이렇게 성의 없어(?) 보이는 다짐표가 백날 마음속으로 말하는 것보다 훨씬 효과적인 것 같더군요. 일단 아침에 일어나서 정신을 차리면 바로 이 다짐표가 보입니다. 일단 하루의 시작과 함께 강제로 다짐을 하게 됩니다. 그리고 학교에 다녀와 제 방문을 열면 또 다짐이 보이죠. 그리고 자기 전에 한 번 더 보게 됩니다. 제가 아무리 보기 싫어도 하루에 최소 3번은 보게 됩니다. 여러분은 어떤 생각이나 다짐을 누가 시키지 않아도 매일 3번씩 꾸준하게 할 자신이 있나요? 없으시다면 강제로라도 하게 만드는 게 좋습니다.

시각적으로 만든 다짐표의 가장 큰 장점은 바로 무의식에 다짐을 각인시켜준다는 겁니다. 다짐표의 효과에 관해 제 이 얘기를 해보면, 저는 다짐표를 방에 붙인 게 고등학교 2학년 여름방학 때였습니다. 전 고등학교에 입학한 뒤로 모든 수학시험에서 사소한 실수를 1번씩은 했는데 그때마다 정말 억울하고 아까웠습니다. 하지만 1개정도 실수로 나간 게 성적에 큰 영향은 없었기 때문에 그 순간만 잠깐 억울해하고 다음날부터 머릿속에서 실수한 건 까맣게 잊어버렸죠. '다음엔 실수 안 하겠지……'라는 안일한 생각으로 고등학교 1학년을 보내버렸습니다.

2학년이 된 후 전 실수 하나하나가 정말 큰 타격을 준다는 걸 새삼스럽게 깨닫게 되었습니다. 1학년 때까지만 해도 문/이과 구분이 없어서 1등급(상위 4%) 인원이 많았는데 2학년이 되고 문/이과가 나뉘더니 1등급 인원이 거지반 절반으로 줄어들더군요. 그때만 해도 전 학생부 종합 전형에 올인 하려고 했기 때문에 높은 내신 성적이 절대적으로 필요했습니다. 그런데 2학년 1학기 내신시험에서 어이없는 실수를 남발해 제가 평소에 받아보지 못했던 점수를 받게 되었죠. 그때마다 '아…… 이대론 안 되겠다'라는 걱정이 들었습니다.

그 이후로 어떻게 하면 실수를 안 할지 고민했죠. 시험 보기 전에 항상 '실수하지 말자'라고 나름대로 마인드 컨트롤을 했지만 별로 효과적이진 않았습니다. 그래서 인터넷에서 실수 줄이는 법을 찾던 도중 발견한 게 이 다짐표였습니다. 처음엔 저도 의심이 많이 들었죠. '과연 저런다고 달라지나?'라고 말이죠. 한 번 해보자는 생각에 일단 만들어보았습니다.

집에 굴러다니는 A4 용지 아무거나 하나 집어서 거기에 큼지막하게 '실수하지 말자'라고 적어놨습니다. 제가 만든 거지만 굉장히 형편없는 퀄리티라서 저도 큰 기대는 하지 않았죠. 다짐표를 여름방학 시작할 때 붙였고 여름방학이 끝날 때까지 딱히 별다른 변화를 느끼지 못했습니다. 실수는 그냥 예전이랑 비슷하게 하는 것 같았죠. 하지만 진짜 변화는 2학기 시험 때 일어났습니다. 아무 생각 없이 시험 보는데 자꾸 머릿속에서 '실수하지 말자'라는 여섯 글자가 떠오르더군요. 그 뒤로 문제 풀 때마다 실수하지 말자라는 생각이 계속 났습니다. 계산할 때도 평소보다 훨씬 조심스러워졌고 마킹할 때마다 한 번 더 확인하게 되었죠. 결과적으로 2학년 2학기 이후로는 거의 실수를 하지 않고 제 본 실력을 100% 발휘한 것 같습니다.

굉장히 신기한 경험이었죠. 그 뒤로 전 다짐표를 좀 더 적극적으로 활용하게 되었습니다. 단순히 실수뿐 아니라 평소에 저를 방해하는 것들까지 몽땅 적게 되었죠. '긴장하지 말자'라든가 '모르는 거 보이면 빨리 넘겨' 같이 굉장히 당연하지만 실천하기 힘든 것들을 다짐표에 적었습니다. 신기하게도 머릿속에 무의식적으로 다짐표에 적은 말들이 각인된 것 같습니다. 만약 저에게 너무 긴장해서 고민인 친구가 있다면 '너무 긴장하지 말자'라고 적힌 종이를 방에 붙이라는 조언을 할 것 같네요.

슬럼프는
어떻게 극복하나요?

공부를 하다 보면 힘들고 지칠 때가 분명히 찾아옵니다. 물론 찾아오는 횟수나 힘듦의 강도는 개인마다 다르겠지만 확실한 건 누구나 힘든 시기를 겪는다는 겁니다. 따라서 힘들고 포기하고 싶더라도 그걸 심각하게 받아들이지 마시기 바랍니다.

슬럼프는 질병에 비유하자면 감기라고 할 수 있습니다. 독자분들 중 살면서 감기에 한 번도 안 걸려본 분이 과연 계실까요? 감기는 누구나 앓게 되는 흔한 질병입니다. 조금만 안정을 취하면 며칠 안에 낫습니다. 하지만 적절한 조치를 취하지 않으면 금세 심해지는 병이기도 하죠. 슬럼프도 이와 같습니다.

슬럼프는 공부를 하다 보면 누구나 겪게 됩니다. 슬럼프가 오면 가장 먼저 해야 하는 일은 스트레스 요소를 차단하는 겁니다. 만약 공부가 여러분에게 상당한 스트레스를 안겨준다면 일단 공부를 멈추고 스트레스를 푸는 데 집중하시기 바랍니다. 절대로 '이럴 때일수록 더 열심히 공부해서 경쟁자를 따돌려야지!'라고 생각하며 괜히 스트레스를 더 쌓지 마세요. 일단 하던 공부는 잠시 멈추세요. 공부 하루 이틀 안 한다고 성적에 큰 영향을 미치진 않습니다. 일단 공부를 멈추고 스트레스를 풀 만한 다른 일을 하는 게 좋습니다. 이때 컴퓨터 게임이나 핸드폰을 통해 스트레스를 해소하는 것도 나름 괜찮은 방법입니다. 저 같은 경우에도 공부하다 힘이 들 때면 핸드폰으로 웹툰을 보면서 스트레스를 풀었습니다.

사람마다 슬럼프를 극복하는 방법은 다양하지만 한 가지 공통되는 부분이 있습니다. 일단, 어떤 일 때문에 슬럼프가 찾아왔다면 당장 그 일을 멈추세요. 그리고 그러한 슬럼프는 누구에게나 찾아오는 것이며 여러분은 이상한 게 아니라 오히려 지극히 정상이라고 생각하세요. 그리고 누군가는 정말로 모든 걸 포기해버리고 싶어할지도 모릅니다. 하지만 명심하세요. 입시는 뭐든 포기하면 거기서 끝일 뿐입니다. 자기가 정말로 원하는 것이 있다면 포기하지 말고 끝까지 덤벼보시기 바랍니다.

잠이 너무 많은데
어쩌죠?

　가끔 공부하기 위해 잠을 줄이는 학생들이 있습니다. 하지만 저는 공부하기 위해 잠을 줄이는 건 좀 비효율적이라고 생각합니다. 당연히 저도 수험 기간 때 공부하기 위해 잠을 줄여본 경험이 있습니다. 제가 원래 6시간 정도 잤는데 1시간을 줄여서 5시간 동안 자보자고 마음을 먹었죠. 처음엔 1시간이나 시간이 늘어나니 뭔가 전보다 더 많이 공부할 수 있을 것 같았습니다. 하지만 현실은 정반대였죠. 평소보다 더 많이 공부한 건 잠을 줄인 첫째 날 뿐이었습니다. 그 다음 날부터 잠을 줄인 것에 대한 부작용이 나타났죠. 일단 아무것도 안 했는데 낮에 졸리고 매우 피곤했습니다. 그 결과 수업에 집중할 수가 없었죠. 고작 1시간 더 공부하기 위해 2~3시간의 공부시간을 날려버리게 되었습니다. 게다가 완벽한 집중력을 발휘해도 부족할 야자(야간자율학습) 시간에도 계속 졸게 되었습니다. 그 이후로 전 공부하기 위해 잠을 줄이는 대신에 깨어 있는 시간을 더 효율적으로 사용하려고 노력했습니다. 만약 공부 때문에 잠을 줄이시려는 분들이 있다면 이것만은 꼭 명심하시기 바랍니다. 여러분이 1시간을 덜 잔다고 해서 온전히 1시간 더 공부할 수 있는 것이 아닙니다. 분명 부족한 1시간을 메꾸기 위해 다른 시간에서 손실을 겪게 될 겁니다. 게다가 시간이 더 많아졌다는 생각에 평소보다 더 집중력이 약해지고 나태해질 수 있습니다. 따라서 가급적 잠을 줄여 공부 시간을 늘리기보다는 평소 깨어 있는 시간에 더 열심히 집중해서 시간을 효율적으로 쓰는 방향으로 공부하시기 바랍니다.

도움이 될 만한
사이트 있나요?

이 페이지에서는 제가 수험 생활 동안 많은 도움을 받았던 사이트를 알려드리려 합니다. 사이트 홍보 목적이 절대로 아니며 그저 여러분의 학습에 도움이 될 만하기에 소개해 드리는 겁니다.

① EBS i (www.ebsi.co.kr)
무료 인강과 각종 입시 정보를 얻을 수 있습니다. 인강 다운로드도 무료이기 때문에 PMP나 핸드폰에 넣어서 볼 수 있습니다.

② 서울시 교육청 (www.sen.go.kr)
교육청 학력평가와 6월/9월 모의평가 시험지를 무료로 다운로드 받을 수 있습니다.

③ 한국 대학교육 협의회 (www.kcue.or.kr)

대입에 필요한 각종 정보를 얻을 수 있으며, 특히 수시나 논술을 준비하는 학생들에게 유리합니다.

④ 한국 교육과정 평가원 (www.kice.re.kr)

6월/9월 모의평가와 수능 시험지를 다운로드 받을 수 있으며 수능 출제 매뉴얼, 수능 이의신청, 수능 오류 제보 등 수능에 관한 다양한 정보를 얻을 수 있습니다.

⑤ 레전드 스터디 닷컴 (http://legendstudy.com/)

학력평가와 모의평가, 수능 자료뿐 아니라 논술 자료, 다양한 주제별로 편집된 자료들을 다운로드 받을 수 있습니다.

⑥ 기출비 (http://cafe.naver.com/michiexam)

회원가입과 등업이 필요한 카페이지만 모의고사, 논술뿐 아니라 각종 참고서, 내신 대비용 문제들까지 매우 방대한 자료들이 존재합니다.

⑦ 커리어넷 (www.career.go.kr)

진로, 적성에 관해 고민 중이라면 접속해보길 권장합니다. 각종 진로 검사를 할 수 있으며 다양한 학과/직업에 대한 정보를 얻을 수 있습니다.

Q 마지막으로 하고 싶은 말이 있는지?

A

일단 이 책을 읽고 '아씨~ 시간 낭비 했네…'라는 생각이 들지 않았으면 합니다. 제가 입시를 준비하면서 나름대로 써먹었던 팁들을 대부분 담으려고 노력했는데, 그게 잘 전해질지 어떨지 아직 감이 잘 안 잡히네요. 부디 이 책이 여러분의 학습에 도움이 되시길 바랍니다. 그리고 이 책의 저자임을 떠나서 이 책을 읽을 수험생들의 멘토로서 한 마디 드리자면, 자신의 목표를 정했으면 그것과 타협하려 하지 마셨으면 합니다. 일단 한 번 목표와 타협을 해버리면 목표는 밑도 끝도 없이 내려가 버리니까요. 자신이 정말로 원하는 무언가를 결정한 뒤 그걸 향해 열심히 달려가는 독자님들이 되셨으면 합니다. 긴 글 읽어주셔서 감사합니다.

자소서 실제 사례 (서울대학교 수학교육과)

1. 고등학교 재학 기간 중 학업에 기울인 노력과 학습 경험에 대해, 배우고 느낀 점을 중심으로 기술해 주시기 바랍니다. (1,000자 이내)

저는 고등학교 3년 동안 사교육 없이 모든 과목을 스스로 학습했습니다. 덕분에 마음껏 공부할 수 있는 시간적 여유를 얻었지만 주체할 수 없는 과목 편식의 문제가 발생했습니다. 좋아하는 수학, 과학 외에 상대적으로 다른 과목은 소홀하게 된 것입니다. 과목 간 밸런스를 맞추기 위해 학습 플래너를 이용했는데 결과적으로 학습량 관리, 조절 습관도 익히게 되어 학습효율을 높일 수 있었습니다.

또 다른 문제는 학습의 깊이였습니다. 아무래도 혼자 공부하다 보니 심화 부분의 이해가 부족했습니다. 이를 극복하기 위해 저는 교과서나 문제집에만 갇혀있지 말자고 생각하며 다양한 매체로 학습 영역을 넓혔습니다. 책에서는 자세히 증명해주지 않는 '롤의 정리'와 같은 증명이 궁금해졌고 Mathworld 같은 해외 수학 사이트를 방문하거나 RISS에 등재된 '평균값 정리와 응용–최성규 저' 같은 학위 논문을 보며 심화학습을 했습니다. 그 밖에 '수학의 역사', '이광연의 수학 블로그' 등의 책을 읽고 수학 개념의 역사적 유래와 탄생, 실생활에 어떻게 적용되는지를 배웠습니다. 이렇게 다양한 매체를 통해 알게 된 지식을 제 머릿속에만 묵혀두지 않고 다른 사람들에게 알릴 좋은 방법이 없을까 고민하던 중 개인 블로그(http://blog.naver.com/hosoo514)도 시작하게 되었습니다.

블로그에 제가 알게 된 흥미로운 수학 내용들과 정리의 증명을 수식 프로그램을 이용하여 최대한 자세히 포스팅했습니다. 방문자 수가 늘면서 질문 댓글이 달렸고, 거기에 답변하면서 오직 글과 그림만으로 인터넷 너머의 사람들에게 설명하는 것이 정말 어렵다는 것을 실감했습니다. 하지만 답변을 하면서, 또 블로그 소재를 찾으면서 자연스럽게 심화 공부를 하였으니 오히려 제가 얻는 것이 많았습니다. 제 글이 이해가 잘 된다거나 궁금증이 풀렸다는 댓글을 볼 때마다 뿌듯함을 느끼기도 했습니다. 이러한 블로그 운영 경험과 자학자습 경험을 통해 스스로 탐구하는 환경을 조성하는 수학 교육자의 삶을 꿈꾸게 되었습니다.

2. 고등학교 재학 기간 중 본인이 의미를 두고 노력했던 교내 활동을 배우고 느낀 점을 중심으로 3개 이내로 기술해 주시기 바랍니다. 단, 교외 활동 중 학교장의 허락을 받고 참여한 활동은 포함됩니다. (1,500자 이내)

• 활동명: 수학 영재반

수학 영재반은 영어 교재로 대학교 기초 수학을 배우는 활동입니다. 주로 실해석학, 수열, 극한, 집합, 함수의 정의 등을 다루었는데 고등학생인 저한테는 개념 하나하나 생소했습니다. 나름 Matheworld 같은 해외 수학 사이트를 방문하면서 영어로 수학을 다루는 것에 익숙해져 있다고 생각했으나 실제로 해보니 많이 어색했습니다. 하지만 저는 장차 수학 교육과에 진학해서 수학을 배우고 싶기에 대학교 수학을 미리 배워볼 수 있는 좋은 기회라고 생각했습니다. 대학교 수학은 실로 놀라움의 연속이었습니다. 그중 가장 인상 깊었던 것은 Archimedean property라는 정리를 증명할 때였습니다. 이 정리는 임의의 실수보다 큰 자연수가 항상 존재한다는 정리인데 명제 자체가 너무 당연하기 때문에 언뜻 증명할 필요조차 없어 보였습니다. 하지만 기본적인 실해석학적 정리들을 사용하면 논리적으로 증명할 수 있었습니다. 수학은 이런 추상적인 개념도 논리적인 체계로 서술하고 증명하는 학문이라는 것을 다시 한 번 깨닫는 시간이었습니다. 비록 맛보기로 살짝 배웠지만 제 수학에 대한 흥미가 더욱 높아졌고 수학교육과에 지원해야겠다는 목표가 더욱 뚜렷해졌습니다.

• 활동명: 수학 원정대

　2학년 때 이과 친구들과 함께 '수학 원정대'라는 수학 관련 동아리를 만들었습니다. 이 동아리는 단순히 수학 문제를 푸는 것에 그치지 않고 저희들끼리 직접 수학 문제를 만들어보고 그것을 친구들끼리 서로 풀고, 그 풀이 방법을 서로 발표하는 것이 주된 활동이었습니다. 문제를 열심히 만들고 첫 번째 발표시간이 찾아왔습니다. 딱히 발표 순서를 정하지 않았기 때문에 누가 먼저 할지 서로서로 눈치를 봤습니다. 다들 남들 앞에서 문제를 설명해본 적이 거의 없기 때문에 선뜻 나서지 못한 것입니다. 하지만 저는 이걸 기회라고 생각했습니다. 저는 단순한 문제풀이 활동보단 문제의 조건을 변형했을 때 접근방법이 어떻게 달라지는지 등을 친구들과 이야기해보는 활동을 원했습니다. 그래서 이참에 제가 앞으로의 동아리 활동의 흐름을 결정해보자는 마음으로 제일 먼저 발표했습니다. 처음 칠판으로 나갈 때는 생각 이상으로 떨렸습니다. 하지만 지식 나눔 멘토링 활동으로 이미 수학을 가르쳐본 경험을 살려 발표를 잘 마무리했습니다. 제 발표 이후로 다른 친구들도 적극적으로 발표에 임했습니다. 제가 먼저 동아리 활동을 시작하면서 일종의 기폭제 역할을 한 것 같았고 동아리 활동의 방향성을 제시했다는 점에서 저에게는 의미 있는 순간이었습니다.

　그뿐 아니라 처음으로 여러 사람 앞에서 제가 전공할 분야인 수학에 대해 설명해 보았던 시간이었습니다. 단순히 어떤 지식을 아는 것과 그것을 남들이 이해할 수 있도록 설명하는 것에는 큰 차이가 있다는 것을 깨달았습니다. 제가 사범대에 진학해서 장차 수학 교육자가 되었을 때, 이때의 경험을 바탕으로 아는 것에서 멈추지 않고 항상 지식을 전달하는 자세를 잃지 않는 교육자가 되고 싶다고 생각했습니다.

3. 학교생활 중 배려, 나눔, 협력, 갈등 관리 등을 실천한 사례를 들고, 그 과정을 통해 배우고 느낀 점을 기술해 주시기 바랍니다. (1,000자 이내)

지식 나눔은 토요일마다 주민 센터를 방문해 초, 중학생에게 공부를 가르쳐 주는 멘토링 프로그램입니다. 토요 동아리로 이미 수학 영재반 활동을 하고 있었지만, 수학교육자가 되기 위해서는 수학 공부 자체도 중요하겠지만 부족하지만 재능 기부를 통해 수학 공부 나눔을 실천하는 것이 더 중요하다는 생각에 수학 영재반을 포기하고 이 활동에 참여하게 되었습니다.

제 멘티는 중학교 2학년이었습니다. 처음에는 제 공부법을 알려 줄 생각에 공부했던 자료를 닥치는 대로 모아서 가져갔고 저 자신이 들떴습니다. 하지만 수업 첫날부터 멘티가 수업을 잘 소화하지 못하였고 저는 답답함을 느꼈습니다. 첫 수업이 끝나고 뭐가 문제였는지 곰곰이 생각했습니다. 그러자 제가 근본적으로 간과한 것이 있었는데, 제가 가져갔던 자료는 저의 입장에서 준비한 것이지 멘티의 입장은 전혀 고려되지 않았다는 것입니다. 정작 배우는 사람은 아직 준비가 안 되어 있는데도 저는 지식을 주입시키려 하고 혼자서 가르칠 준비 완료인 상태였던 겁니다. 나눈다는 것은 주는 사람만 일방적으로 나눈다고 되는 게 아니며 받는 사람 역시 받을 준비가 돼 있어야 한다는 것을 깨달았습니다. 그 후로 저 혼자 준비했던 것은 한수 물러두고 멘티와 소통하기 시작했습니다. 가장 먼저 그 아이가 어떤 점 때문에 수학을 어려워하는지에 대해 이유를 들어보았고 멘티가 문자에 대한 개념을 낯설어한다는 걸 알게 되었습니다. 그 후로 멘티의 입장에서 문자에 대해 생각해보았고 수학의 역사, 수학동아 등의 자료를 참고하여 문자의 필요성, 상수, 변수, 미지수, 다항식의 개념을 멘티가 이해하기 쉽도록 정리해서 수업에 활용했습니다. 그 결과 문자와 식에 대해 두려움을 떨쳐내고 자신감을 보여주었습니다. 멘티는 어려워했던 수학에 흥미를 붙이는 시간이었고 저는 지금까지 지식 나눔에 대해 잘못 생각하고 있었다는 것을 알아가는 시간이었습니다. 나눔이라는 것은 주는 사람과 받는 사람 모두 준비가 되어 있어야 하며 서로 협력해야 이루어질 수 있다는 것을 깨달았습니다.

4. 고등학교 재학 기간(또는 최근 3년간) 읽었던 책 중 자신에게 가장 큰 영향을 준 책을 3권 이내로 선정하고 그 이유를 기술하여 주십시오.

▶ '선정 이유'는 각 도서별로 띄어쓰기를 포함하여 500자 이내로 작성

▶ '선정 이유'는 단순한 내용 요약이나 감상이 아니라, 읽게 된 계기, 책에 대한 평가, 자신에게 준 영향을 중심으로 기술

저자 이광연 교수님이 쓴 네이버 캐스트 '수학 산책'을 보고 저자의 다른 글을 찾던 중 이 책을 읽게 되었습니다. 저는 앞으로의 수학 교육은 문제집만 주구장창 푸는 것이 아니라 다양한 미디어를 통해 수학에 관한 폭넓은 사고를 가지게 하는 교육으로 발전해야 한다고 생각합니다. 그래야 자연스럽게 수학의 아이디어를 이해할 수 있으며 나아가 흥미를 느끼고 스스로 탐구하는 능력이 길러지기 때문입니다. 그런 미디어 중 대표적인 것이 앞서 말한 캐스트이며 제가 하고 있는 수학 블로그도 그런 의미에서 하나의 미디어라고 할 수 있습니다. 책을 읽으면서 수학을 대중에게 친숙하게 만들기 위한 저자의 노력을 엿볼 수 있었고 자신이 흥미 있는 것을 남들에게 소개하고 전달하기 위한 다양한 방법들이 있음을 알게 되었습니다. 비단 수학에 한정된 것이 아니라 좋아하는 어떤 것을 다른 사람들에게 알리고 보다 쉽게 다가가고자 노력하는 모습을 본받고 싶어졌습니다.

수학은 학문적으로 대단히 높은 가치를 지니고 있습니다. 하지만 '수학의 가치가 학문에만 국한되느냐?'라고 묻는다면 저는 아니라고 대답하며 이 책을 그 근거로 들고 싶습니다. 저는 수학에는 정신적, 철학적 메시지가 담겨져 있다고 생각해왔고 이 책을 읽으면서 그러한 생각이 더욱 확고해졌습니다. 수학에는 방정식, 함수, 미적분 등의 개념도 있지만 그에 못지않게 평등, 자유라는 개념도 있다는 것이 이 책 저자의 생각이고 저 역시 그에 동의합니다. 책의 제목인 수학자의 낙원이란 수학자만의 낙원이 아닌 수학자와 수학이 우리에게 보여주는 가치의 낙원을 의미한다고 생각합니다. '수학 블로그' 책을 읽으면서 수학의 실용적 가치와 대중화에 대해 알게 되었다면 '수학자의 낙원'을 읽으면서 수학이 우리에게 주는 교훈과 정신적 메시지를 포착했습니다. 이 책을 읽으면서 수학의 다양한 가치를 깨닫고 전달할 수 있는 수학 교육자가 되고 싶어졌습니다.

당신 거기 있어줄래요?

사람들은 시간에 쫓기며 살고 있고 시간이 지나가면 많은 일들을 후회합니다. 그때마다 '시간을 되돌릴 수 있다면 지금보다 더 낫지 않을까?'하는 생각을 품게 됩니다. 하지만 이 책을 읽고 제목인 '당신 거기 있어 줄래요?'의 의미를 생각하면서 이에 대해 다시 한번 생각하게 되었습니다. 이 책은 한 남자가 시간을 되돌리면서 겪는 고뇌를 보여줍니다. 남자는 지나간 시간에 대한 후회를 없애기 위해 노력하지만 결국 또 다른 후회를 낳을 뿐이었습니다. 우리는 시간여행을 할 수 없고 그저 현재를 살아갈 뿐입니다. 되도록 마음에 걸리는 일을 만들지 않기 위해 현재를 충실하게 살아야 한다고 생각하게 되었습니다. 그런 의미에서 이 책의 제목은 단순한 물음이 아닌 '거기'(현재)에 있어달라는 완곡한 요청같이 들렸습니다. 단 한 점의 후회도 없는 삶을 살아갈 수는 없겠지만, 매 순간 충실히 살아가면서 '시간을 되돌리는 능력'이 필요 없는 자신이 되고 싶어졌습니다.

수능 볼 때 꿀팁들

① 1시간 정도 일찍 도착하자

수능 시험장은 아마 여러분이 살면서 한 번도 안 가봤던 장소일 가능성이 높습니다. 따라서 처음 가면 의지나 책상, 전체적인 분위기가 매우 어색하게 느껴질 수 있습니다. 따라서 시험시간보다 1시간 정도 일찍 도착해서 시험장 환경에 익숙해지시기 바랍니다.

② 얇은 옷을 여러 겹 입고 가자

수능 시험 당일은 11월이라 아마 추운 날씨일 겁니다. 하지만 시험장에서 수험생 배려 차원에서 히트를 풀가동합니다. 문제는 이 배려의 정도가 너무 지나쳐서 11월인데도 무지 덥게 느껴집니다. 따라서 바깥 날씨가 춥다고 무작정 두껍게 입고 갔다가는 시험시간 때 더워서 힘들 수 있습니다. 얇은 옷을 여러 겹 입어서 온도에 맞게 벗을 수 있도록 하는 게 좋습니다.

③ 물과 간식을 챙기자

많은 분들이 오해하시는데 수능 시험 날 책상 위에 물과 약간의 간식은 올려놓을 수 있습니다. 심지어 시험 중간에 초콜릿 등을 먹을 수도 있어요. 아시다시피 수능 시험 시간이 상당히 깁니다. 그 긴 시간 동안 집중하려면 점심 도시락만으로는 좀 부족할 수 있으니 간식을 적당히 챙겨가는 것이 좋습니다. 그리고 중간 중간에 수분 보충을 위해 물을 챙겨가세요!

④ 수정테이프, 지우개 챙기기

수능 시험장에서는 개인이 가져온 샤프와 컴퓨터 사인펜은 사용할 수 없으며 시험 시작 전에 미리 다 나눠줍니다. 하지만 수정 테이프와 지우개는 별도로 지급해주지 않기 때문에 개인이 직접 가져가야 합니다. 수정 테이프는 감독관에게 요청하면 빌려주지만 시간이 다소 소요되므로 꼭 본인이 직접 챙기시기 바랍니다.

⑤ 방석이나 담요 챙기기

아무래도 오랫동안 가만히 앉아 있어야 하니 허리나 엉덩이가 아플 수 있습니다. 따라서 평소에 통증을 느끼는 친구들은 방석이나 담요를 따로 챙겨가는 것도 좋습니다.

⑥ 아날로그 시계 가져가기

수능은 아무래도 시간 싸움이기 때문에 시간 체크를 위한 시계는 필수입니다. 게다가 수능 고사장에서는 따로 시계를 걸어두지 않기 때문에 시계를 안 갖고 가면 낭패를 볼 수 있습니다. 디지털 시계에 관한 규정은 매년 바뀌어서 복잡하므로 그냥 아날로그 시계를 가져가는 것이 낫습니다.

⑦ 쉬는 시간에는 화장실 가자

당장 화장실에 가고 싶지 않더라도 쉬는 시간이라면 화장실에 의무적으로 가시길 권장합니다. 물론 시험 도중에도 화장실에 갈 수는 있지만 상당히 절차가 복잡하고 시간도 많이 잡아먹으므로 볼일은 최대한 쉬는 시간에 끝내시길 바랍니다.

⑧ 뭔가 의심스러우면 감독관 선생님에게 꼭 물어보자

어떤 행동을 해도 되는지 안 되는지 헷갈린다면 꼭 감독관 선생님께 물어보시길 바랍니다. 학생 본인이 잘못된 판단을 하면 부정행위 등의 이유로 불이익을 받을 수 있습니다.

⑨ 평소에 안 먹던 거 먹지 말자

수능 날은 특별한 날이긴 하지만 그렇다고 뭔가 평소랑 다르게 먹지는 마세요. 특히 우황청심환 같은 평소에 먹지 않았던 약들은 수능 날에도 먹지 않는 게 좋습니다. 뭔가 안 먹던 걸 먹고 싶다면 수능 1주일 전부터 먹어보면서 테스트를 해보기 바랍니다.